박문각

파이널 패스

핵심이론과 함께하는

100선

박문각 공인중개사

이승현 부동산공시법령

브랜드만족 1위 박문각

근거자료 별면표기

2024

이 책의 **차례**

시험에
자주 나오는
빈출지문

01 시험에 자주 나오는 빈출지문

공간정보의 구축 및 관리 등에 관한 법(지적법)

001 국토교통부장관은 모든 토지에 대하여 필지별로 소재·지번·지목·면적·경계 또는 좌표 등을 조사·측량하여 지적공부에 **등록**하여야 한다.

002 지적소관청은 토지이동현황 조사결과에 따라 토지의 지번·지목·면적·경계 또는 좌표를 결정한 때에는 이에 따라 지적공부를 정리하여야 한다.

003 지적공부에 등록하는 지번·지목·면적·경계 또는 좌표는 **토지의 이동**이 있을 때 **토지소유자의 신청을 받아** 지적소관청이 결정한다. 다만, 신청이 없으면 **지적소관청**이 직권으로 조사·측량하여 결정할 수 있다.

004 지적소관청은 토지이동현황 조사계획에 따라 토지의 이동현황을 조사한 때에는 **토지이동 조사부**에 토지의 이동현황을 적어야 한다.

005 공간정보의 구축 및 관리 등에 관한 법령상 토지의 **이동**이 있을 때 토지소유자의 신청이 없어 지적소관청이 토지의 이동현황을 직권으로 조사·측량하여 토지의 지번·지목·면적·경계 또는 좌표를 결정하기 위해 수립하는 계획은 **토지이동현황 조사계획**이다.

006 ① 지번변경 ② 지적공부의 반출 ③ 축척변경을 하고자 하는 경우에는 시·도지사 또는 대도시 시장의 승인을 요한다.

007 지번은 아라비아숫자로 표기하되, **임야대장 및 임야도에 등록하는 토지의 지번은 숫자 앞에 "산"자를 붙인다.**

008 지번은 북서에서 남동으로 순차적으로 부여한다.

009 지번은 본번과 부번으로 구성하되, 본번과 부번 사이에 "−"표시로 연결한다. 그리고 "의"라고 읽는다.

010 지번은 **지적소관청이** 지번부여지역(동 · 리 또는 **이에 준하는 지역**)별로 차례대로 북서에서 남동으로 순차적으로 **부여**한다.

011 신규등록의 경우에는 그 지번부여지역에서 인접토지의 본번에 부번을 붙여서 지번을 부여하는 것을 원칙으로 한다.

012 등록전환 대상토지가 **여러 필지로** 되어 있는 경우에는 그 지번부여지역의 최종 본번의 다음 순번부터 **본번**으로 하여 순차적으로 지번을 **부여할 수 있다.**

013 분할의 경우에는 분할 후의 필지 중 1필지의 지번은 분할 전의 지번으로 하고, 나머지 필지의 지번은 본번의 최종 부번 다음 순번으로 **부번을 부여한다.** 이 경우 주거 · 사무실 등의 건축물이 있는 필지에 대해서는 **분할 전의 지번을 우선하여 부여하여야 한다.**

014 합병의 경우로서 **토지소유자가** 합병 전의 필지에 주거 · 사무실 등의 건축물이 있어서 그 건축물이 위치한 지번을 합병 후의 지번으로 신청할 때에는 그 지번을 합병 후의 지번으로 **부여하여야 한다.**

015 축척변경 시행지역의 필지에 지번을 부여할 때에는 지적확정측량을 실시한 지역의 각 필지에 지번부여방법을 준용하여 **본번을 부여한다.**

016 행정구역 개편에 따라 새로 지번을 부여할 때에는 도시개발사업 등이 완료됨에 따라 지적확정측량을 실시한 지역의 지번부여방법을 준용한다.

017 지적확정측량을 실시한 지역의 각 필지에 지번부여방법을 준용하여 지번을 부여하는 경우

> • 지번부여지역의 지번을 변경할 때
> • 행정구역 개편에 따라 새로 지번을 부여할 때
> • 축척변경 시행지역의 필지에 지번을 부여할 때

018 지적소관청은 도시개발사업 등이 준공되기 전에 사업시행자가 지번부여 신청을 하면 지번을 부여할 수 있으며, **도시개발사업** 등이 준공되기 전에 지번을 부여하는 때에는 **사업계획도에 따르되, 지적확정측량을** 실시한 지역의 지번부여 방법에 따라 지번을 부여하여야 한다.

019 지적소관청은 지번을 변경할 필요가 있다고 인정하면 시·도지사나 대도시 시장의 승인을 받아 지번부여지역의 전부 또는 일부에 대하여 지번을 새로 부여할 수 있다.

020 지적소관청은 축척변경으로 지번에 **결번이 생긴 때**에는 지체 없이 그 사유를 결번대장에 적어 영구히 보존하여야 한다.

지 목

021 공간정보의 구축 및 관리 등에 관한 법률에서 규정하고 있는 28가지의 지목은 다음과 같다.

정식명칭	부 호	정식명칭	부 호
전	전	철도용지	철
답	답	제 방	제
과수원	과	하 천	천
목장용지	목	구 거	구
임 야	임	유 지	유
광천지	광	양어장	양
염 전	염	수도용지	수
대	대	공 원	공
공장용지	장	체육용지	체
학교용지	학	유원지	원
주차장	차	종교용지	종
주유소용지	주	사적지	사
창고용지	창	묘 지	묘
도 로	도	잡종지	잡

022 지목을 지적도 및 임야도에 등록하는 때에는 부호로 표기하여야 한다.

023 토지가 일시적 또는 임시적인 용도로 사용될 때에는 지목을 변경하지 아니한다.

024 물을 상시적으로 직접 이용하여 벼·연(蓮)·미나리·왕골 등의 식물을 주로 재배하는 토지의 지목은 "답"으로 한다.

025 물을 상시적으로 이용하지 않고 닥나무·묘목·관상수 등의 식물을 주로 재배하는 토지는 "전"으로 한다.

026 물을 정수하여 공급하기 위한 취수·저수·도수(導水)·정수·송수 및 배수 시설의 부지 및 이에 접속된 부속시설물의 부지 지목은 "수도용지"로 한다.

027 육상에 인공으로 조성된 수산생물의 번식 또는 양식을 위한 시설을 갖춘 부지와 이에 접속된 부속시설물의 부지의 지목은 "양어장"으로 한다.

028 「도시공원 및 녹지 등에 관한 법률」에 따른 묘지공원으로 결정·고시된 토지는 "묘지"로 한다.

029 자연의 유수(流水)가 있거나 있을 것으로 예상되는 소규모 수로부지는 "구거"로 한다.

030 산림 및 원야를 이루고 있는 자갈땅·모래땅·습지·황무지 등의 토지는 '임야'로 한다.

031 물건 등을 보관하거나 저장하기 위하여 독립적으로 설치된 보관시설물의 부지와 이에 접속된 부속시설물의 부지는 '창고용지'로 한다.

032 과수류를 집단적으로 재배하는 토지는 '과수원'으로 한다. 단, 이에 접속된 주거용 건축물의 부지는 "대"로 한다.

033 지하에서 석유류 등이 용출되는 용출구와 그 유지에 사용되는 부지는 '광천지'로 한다.

034 축산업 및 낙농업을 하기 위하여 초지를 조성한 토지는 "목장용지"로 한다. 다만, 주거용 건축물의 부지의 지목은 "대"로 한다.

035 제조업을 하고 있는 공장시설물의 부지의 지목은 "공장용지"로 한다. 또한 의료시설 등 부속시설물의 부지의 지목도 "공장용지"로 한다.

036 학교의 교사(校舍)와 이에 접속된 체육장 등 **부속시설물**의 부지의 지목은 "학교용지"로 한다.

037 온수·약수·석유류 등을 일정한 장소로 운송하는 송수관·송유관 및 저장시설의 부지의 지목은 "**잡종지**"로 한다.

038 교통 운수를 위하여 일정한 **궤도** 등의 설비와 형태를 갖추어 이용되는 토지와 이에 접속된 **역사(驛舍)·차고·발전시설 및 공작창(工作廠)** 등 부속시설물의 부지의 지목은 "**철도용지**"로 한다.

039 물이 고이거나 상시적으로 물을 저장하고 있는 댐·저수지·소류지·호수·연못 등의 토지와 연·왕골 등이 **자생**하는 배수가 잘 되지 아니하는 토지의 지목은 "유지"로 한다.

040 여객자동차터미널, 자동차운전학원 및 폐차장 등 **자동차**와 관련된 독립적인 시설물을 갖춘 부지는 잡종지로 한다.

041 천일제염 방식으로 하지 아니하고 **동력**으로 바닷물을 끌어들여 소금을 제조하는 공장시설물의 부지는 **염전**으로 하지 **않는다.**

042 문화재로 지정된 역사적인 **유적·고적·기념물** 등을 **보존**하기 위하여 구획된 토지의 지목은 "**사적지**"로 한다. 다만, **학교용지·공원·종교용지** 등 다른 지목으로 된 **토지**에 있는 유적·고적·기념물 등을 보호하기 위하여 구획된 토지는 사적지로 하지 아니한다.

043 일반 공중(公衆)의 **교통 운수**를 위하여 보행이나 차량운행에 필요한 일정한 설비 또는 형태를 갖추어 이용되는 토지와 「도로법」 등 관계 법령에 따라 도로로 개설된 토지, 고속도로의 휴게소 부지, 2필지 이상에 진입하는 통로로 이용되는 토지는 도로로 한다.

044 **바닷물을** 끌어들여 소금을 채취하기 위하여 조성된 토지와 이에 접속된 **제염장(製鹽場)** 등 부속시설물의 부지는 "**염전**"으로 한다. 다만, 천일제염 방식으로 하지 아니하고 **동력**으로 **바닷물을** 끌어들여 소금을 제조하는 공장시설물의 부지는 **제외**한다.

045 저유소(貯油所) 및 원유저장소의 부지와 이에 접속된 부속시설물의 부지는 "주유소용지"로 한다. 다만, 자동차·선박·기차 등의 제작 또는 **정비공장 안**에 설치된 급유·송유시설 등의 부지는 **제외**한다.

046 일반 공중의 보건·휴양 및 정서생활에 이용하기 위한 시설을 갖춘 토지로서「국토의 계획 및 이용에 관한 법률」에 따라 공원 또는 녹지로 결정·고시된 토지는 "공원"으로로 한다.

047 다음의 토지는 잡종지로 한다. 다만, 원상회복을 조건으로 돌을 캐내는 곳 또는 흙을 파내는 곳으로 허가된 토지는 제외한다.

> ① 갈대밭, 실외에 물건을 쌓아두는 곳, 돌을 캐내는 곳, 흙을 파내는 곳, 야외시장 및 공동우물
> ② 변전소, 송신소, 수신소 및 송유시설 등의 부지
> ③ 여객자동차터미널, 자동차운전학원 및 폐차장 등 자동차와 관련된 독립적인 시설물을 갖춘 부지
> ④ 공항시설 및 항만시설 부지
> ⑤ 도축장, 쓰레기처리장 및 오물처리장 등의 부지
> ⑥ 그 밖에 다른 지목에 속하지 않는 토지

048 지상경계 결정기준은 다음의 구분에 따른다(영 제55조 제1항).

> ① 연접되는 토지 간에 높낮이 차이가 없는 경우: 그 구조물 등의 중앙
> ② 연접되는 토지 간에 높낮이 차이가 있는 경우: 그 구조물 등의 하단부
> ③ 도로·구거 등의 토지에 절토(切土)된 부분이 있는 경우: 그 경사면의 상단부
> ④ 토지가 해면 또는 수면에 접하는 경우: **최대만조위** 또는 **최대만수위**가 되는 선
> ⑤ 공유수면매립지의 토지 중 제방 등을 토지에 편입하여 등록하는 경우: **바깥쪽 어깨부분**

049 지상경계의 구획을 형성하는 구조물 등의 소유자가 다른 경우에는 그 소유권에 따라 지상 경계를 결정한다.

050 토지의 **지상경계**는 둑, 담장이나 그 밖에 구획의 목표가 될 만한 **구조물 및 경계점표지** 등으로 구분한다.

051 매매 등을 위하여 **토지를 분할**하려는 경우 지상 경계점에 **경계점표지를 설치**하여 **측량**할 수 있다.

052 분할에 따른 지상 경계는 지상건축물을 **걸리게 결정**해서는 **아니 된다.** 다만, 법원의 확정판결이 있는 경우에는 그러하지 아니하다.

053 공간정보의 구축 및 관리 등에 관한 법령상 분할에 따른 지상 경계를 지상건축물에 걸리게 결정할 수 있는 경우이다.(공·법·도·사)

> ① 공공사업 등에 따라 학교용지·도로·철도용지·제방 등의 지목으로 되는 토지를 분할하는 경우
> ② **법원의 확정판결**에 따라 토지를 분할하는 경우
> ③ 「국토의 계획 및 이용에 관한 법률」에 따른 도시·군관리계획 결정고시와 지형도면 고시가 된 지역의 도시·군관리계획선에 따라 토지를 분할하는 경우
> ④ 도시개발사업의 경우 사업시행자가 사업지구의 경계를 결정하기 위하여 토지를 분할하는 경우

054 공간정보의 구축 및 관리 등에 관한 법령상 **지상경계점등록부**의 등록사항이다.(경계점좌표등록부와 구별해야 함)

> ※ 지상경계점 등록부의 등록사항(규칙 제60조)
> ① 토지의 소재·지번
> ② 경계점 좌표(경계점좌표등록부 시행지역에 한함)
> ③ 경계점 위치 설명도
> ④ 공부상 지목과 실제 토지이용 지목
> ⑤ 경계점의 사진 파일
> ⑥ 경계점표지의 종류 및 경계점 위치

055 공간정보의 구축 및 관리 등에 관한 법령상 세부측량시 필지마다 면적을 측정하여야 하는 경우와 하지 않는 경우

면적측정 ○	면적측정 ×
① 신규등록, 등록전환, 분할, 축척변경 ② 지적공부의 복구 ③ 토지 일부의 등록말소 ④ 도시개발사업 등으로 토지의 표시를 새로이 결정하는 경우 ⑤ 면적 또는 경계의 정정(면적증감을 수반하는 토지경계의 정정) ⑥ 면적측정을 수반하는 경계복원측량 및 지적현황측량	① 소재, 지번변경, **지목변경** ② **합병** ③ 토지 전부의 등록말소 ④ 면적의 환산 ⑤ 면적의 증감 없는 토지경계의 위치정정 ⑥ 경계복원측량 및 지적현황측량

056 면적의 결정 · 측량계산의 끝수처리

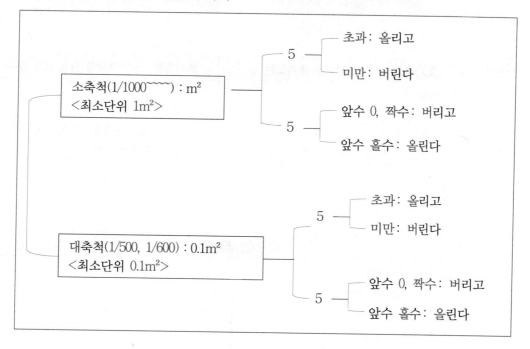

057 지적도의 축척이 600분의 1인 지역의 토지 면적은 **제곱미터 이하 한 자리** 단위로 한다.

058 지적도의 축척이 1,200분의 1인 지역의 1필지 면적이 1제곱미터 미만일 때에는 1제곱미터로 한다.

059 임야도의 축척이 6,000분의 1인 지역의 1필지 면적이 1제곱미터 미만일 때에는 1제곱미터로 한다.

060 경계점좌표등록부에 등록하는 지역의 1필지 면적이 0.1제곱미터 미만일 때에는 0.1제곱미터로 한다.

061 경계점좌표등록부에 등록하는 지역에서 1필지의 면적측정을 위해 계산한 값이 1,029.551m인 경우 토지대장에 등록할 면적은 1,029.6m²이다.

062 지적공부 등록사항

소재 지번	모든 지적공부○	면 적	대 장(토지.임야대장)
지 목	도 면	개별공시지가	대 장(토지.임야대장)
	대 장(토지.임야대장)		
축 척	도 면	경계	도면
	대 장(토지.임야대장)	좌표	경계점좌표등록부

063

토지대장·임야대장에만 등록되는 것	토지대장·임야대장에 등록되지 않는 것
① 면적	① 경계
② 토지의 이동사유	② 소유권 지분
③ 토지등급 또는 기준수확량등급	③ 대지권비율·전유부분건물표시·건물명칭
④ 개별공시지가와 그 기준일	④ 좌표와 부호·부호도

064 공유지연명부의 등록사항

공유지연명부의 등록사항
① 소재 및 지번
② 고유번호 및 장번호
③ 소유자(성명·주소·주민등록번호) 및 소유자가 변경된 날과 그 원인
④ 소유권 지분

064-1 대지권등록부의 등록사항

대지권등록부의 등록사항
① 소재 및 지번
② 고유번호 및 장번호
③ 소유자(성명·주소·주민등록번호) 및 소유자가 변경된 날과 그 원인
④ 소유권 지분
⑤ 대지권비율, 전유부분 건물표시, 건물명칭(←공유지연명부등록사항에서 추가되는 사항)

065 경계점좌표등록부 등록사항

> (ㄱ) 토지의 소재
> (ㄴ) 지번
> (ㄷ) 좌표 : 경계점의 평면직각종횡선수치(X, Y)를 기재한다.
> (ㄹ) 토지의 고유번호
> (ㅁ) 도면번호
> (ㅂ) 필지별 경계점좌표등록부의 장 번호
> (ㅅ) 부호 및 부호도

◈ 경계점좌표등록부 비치지역 지적도 특징

> 1. 도면의 제명 끝에 '**좌표**'라고 기재
> 2. **경계점간의 거리**를 계산하여 등록
> 3. 도곽선 **오른쪽 아래**에 '이 도면으로 **측량할 수 없음**'이라고 기재
> 4. 토지대장, 경계점좌표등록부, 지적도 함께 비치

066 공간정보의 구축 및 관리 등에 관한 법령상 경계점좌표등록부를 갖춰 두는 지역의 지적공부 및 토지등록에 관한 설명이다.

> ① 경계점좌표등록부를 갖춰 두는 지역의 지적도에는 해당 도면의 **제명 끝**에 "(**좌표**)"라고 표시하여야 한다.
> ② 지적도에는 도곽선의 오른쪽 아래 끝에 "이 도면에 의하여 측량을 할 수 없음"이라고 적어야 한다.
> ③ 토지 면적은 제곱미터 이하 한자리 단위로 결정하여야 한다.
> ④ 면적측정 방법은 **좌표면적계산법**에 의한다.
> ⑤ **경계점좌표등록부**를 갖춰 두는 토지는 **지적확정측량** 또는 **축척변경**을 위한 측량을 실시하여 경계점을 좌표로 등록한 지역의 토지로 한다.

067 지적도 및 임야도의 등록사항

> ① 토지의 소재와 지번
> ② 지목(부호로 등록)
> ③ 경계
> ④ 지적도면의 색인도
> ⑤ 지적도면의 제명 및 축척
> ⑥ 도곽선과 그 수치
> ⑦ 삼각점 및 지적기준점의 위치
> ⑧ 건축물 및 구조물의 위치
> ⑨ 지적도면의 번호

068 지적소관청은 지적도면의 관리에 필요한 경우에는 지번부여지역마다 일람도와 지번색인표를 작성하여 갖춰 둘 수 있다.

069 지적도면의 축척은 지적도 7종, 임야도 2종으로 구분한다.

070 지적도면의 색인도, 건축물 및 구조물 등의 위치는 지적도면의 등록사항에 해당한다.

071 지적도면에는 지적소관청의 직인을 날인하여야 한다. 다만 정보처리시스템을 이용하여 관리하는 지적도면의 경우에는 그러하지 아니하다.

072 지적도의 축척은 1/500, 1/600, 1/1000, 1/1200, 1/2400, 1/3000, 1/6000로 구분하고, 임야도의 축척은 1/3000, 1/6000로 구분한다.

073 지적소관청은 원칙적으로 지적공부를 해당 청사 밖으로 **반출할 수 없으나**, ㉠ **천재지변이나 그 밖에 이에 준하는 재난을 피하기 위하여 필요한 경우나** ㉡ **관할 시 · 도지사 또는 대도시 시장의 승인을 받은 경우에는** **반출할 수 있다.**

074 지적소관청은 해당 청사에 **지적서고를 설치하고 그 곳에 지적공부를 영구히 보존하여야** 한다.

075 지적서고는 지적사무를 처리하는 **사무실과 연접(連接)하여 설치하여야** 한다.

076 지적도면은 지번부여지역별로 도면번호순으로 보관하되, **각 장별로 보호대에 넣어야** 한다.

077 **카드로 된 토지대장 · 임야대장 · 공유지연명부 · 대지권등록부 및 경계점좌표등록부는 100장 단위로 바인더(binder)에 넣어 보관하여야** 한다.

078 지적서고는 창문과 출입문은 2중으로 하되, **바깥쪽 문은 반드시 철제로 하고 안쪽문은** 곤충 쥐 등의 침입을 막을 수 있도록 **철망** 등을 설치하도록 한다.

079 지적공부를 **정보처리시스템을** 통하여 기록 · 저장한 경우 관할 시 · 도지사, 시장 · 군수 또는 구청장은 그 지적공부를 **지적정보관리체계에 영구히 보존하여야** 한다.

080 정보처리시스템을 통하여 기록 · 저장된 지적공부(지적도 및 임야도는 제외한다)를 열람하거나 그 등본을 발급받으려는 경우에는 **특별자치시장, 시장 · 군수 또는 구청장이나 읍 · 면 · 동의 장에게** 신청할 수 있다.

081 국토교통부장관은 지적공부가 멸실되거나 훼손될 경우를 대비하여 **지적공부를 복제**하여 관리하는 **정보관리체계를 구축**하여야 한다.

082 지적소관청은 해당 청사에 지적서고를 설치하고 그 곳에 지적공부(**정보처리시스템을 통하여 기록·저장한 경우는 제외한다**)를 영구히 보존하여야 한다.

083 국토교통부장관은 지적공부를 과세나 부동산정책자료 등으로 활용하기 위하여 공시지가전산자료, 부동산등기전산자료, 가족관계등록전산자료, 주민등록전산자료 등을 관리하는 기관에 그 자료를 요청할 수 있다.(공·부·가·주)

084 토지소유자가 자기 토지에 대한 지적전산자료를 신청하거나, 토지소유자가 사망하여 그 상속인이 피상속인의 토지에 대한 **지적전산자료를 신청**하는 경우에는 관계중앙행정기관의 심사를 받지 아니할 수 있다. (아니한다×)

085 지적소관청(**정보처리시스템**을 통하여 기록·저장한 지적공부의 경우에는 시·도지사, 시장·군수 또는 구청장)은 **지적공부**의 전부 또는 일부가 멸실되거나 훼손된 경우에는 **지체 없이** 이를 **복구**하여야 한다.

086 지적공부를 복구할 때에는 **멸실·훼손 당시**의 지적공부와 가장 **부합**된다고 인정되는 관계 자료에 따라 **토지의 표시에 관한 사항을 복구**하여야 한다. 다만, 소유자에 관한 사항은 **부동산등기부**나 법원의 **확정판결**에 따라 **복구**하여야 한다.

087 지적소관청은 조사된 복구자료 중 토지**대장**·임야대장 및 공유지연명부의 등록 내용을 증명하는 서류 등에 따라 **지적복구자료 조사서**를 작성하고, 지적도면의 등록 내용을 증명하는 서류 등에 따라 **복구자료도**를 작성하여야 한다.

088 복구자료도에 따라 측정한 면적과 지적복구자료 조사서의 조사된 면적의 증감이 오차의 허용범위를 초과하거나 복구자료도를 작성할 **복구자료가 없는 경우**에는 **복구측량**을 하여야 한다.

토지의 표시사항	소유자에 관한 사항
① 지적공부등본 ② 측량결과도 ③ 토지이동정리결의서 ④ 부동산등기부등본 등 등기사실을 증명하는 서류 ⑤ 지적소관청이 작성하거나 발행한 지적공부의 등록 　내용을 증명하는 서류 ⑥ 전산정보처리조직에 의하여 복제된 지적공부 ⑦ 법원의 확정판결서 정본 또는 사본	① 부동산**등기부** ② 법원의 확정**판결**

089 지적소관청은 부동산종합공부에 「공간정보의 구축 및 관리 등에 관한 법률」에 따른 지적공부의 내용에서 토지의 표시와 소유자에 관한 사항을 등록하여야 한다.

090 부동산종합공부를 열람하거나 부동산종합공부 기록사항에 관한 증명서를 발급받으려는 자는 지적공부·부동산종합공부 열람·발급 신청서(전자문서로 된 신청서를 포함한다)를 지적소관청 또는 읍·면·동장에게 제출하여야 한다.

091 지적소관청은 부동산종합공부에 「토지이용규제 기본법」 제10조에 따른 토지이용계획확인서의 내용에서 **토지의 이용 및 규제에 관한 사항**을 **등록**하여야 한다.

092 지적소관청은 부동산종합공부에 「건축법」 제38조에 따른 건축물대장의 내용에서 건축물의 표시와 소유자에 관한 사항(토지에 건축물이 있는 경우만 해당한다)을 등록하여야 한다.

093 공간정보의 구축 및 관리 등에 관한 법령상 **부동산종합공부의 등록사항**이다.

> ① 토지의 표시와 소유자에 관한 사항:「공간정보의 구축 및 관리 등에 관한 법률」에 따른 지적공부의 내용
> ② 건축물의 표시와 소유자에 관한 사항(토지에 건축물이 있는 경우만 해당한다):「건축법」제38조에 따른 건축물대장의 내용
> ③ 토지의 이용 및 규제에 관한 사항:「토지이용규제 기본법」제10조에 따른 토지이용계획확인서의 내용
> ④ 부동산의 가격에 관한 사항:「부동산 가격공시 및 감정평가에 관한 법률」제11조에 따른 개별공시지가, 같은 법 제16조 및 제17조에 따른 개별주택가격 및 공동주택가격공시내용

094 지적소관청은 부동산의 효율적 이용과 부동산과 관련된 정부의 종합적 관리·운영을 위하여 **부동산종합공부를 관리·운영**한다.

095 지적소관청은 부동산종합공부를 영구히 보존하여야 하며, 멸실 또는 훼손에 대비하여 이를 별도로 복제하여 관리하는 **정보관리체계를 구축**하여야 한다.

096 지적소관청은 부동산종합공부의 정확한 등록 및 관리를 위하여 필요한 경우에는 부동산종합공부의 등록사항을 관리하는 기관의 장에게 관련 **자료의 제출을 요구**할 수 있다.

097 부동산종합공부의 등록사항을 관리하는 기관의 장은 지적소관청에 상시적으로 **관련 정보를 제공**하여야 한다.

098 **부동산종합공부를 열람**하거나 부동산종합공부 기록사항의 전부 또는 일부에 관한 증명서를 발급받으려는 자는 **지적소관청이나 읍·면·동의 장**에게 신청할 수 있다.

099 지적소관청은 부동산종합공부의 등록사항정정을 위하여 등록사항 상호 간에 일치하지 아니하는 사항을 **확인 및 관리**하여야 한다.

100 토지소유자는 부동산종합공부의 등록사항에 잘못이 있음을 발견하면 **지적소관청**에 그 정정을 신청할 수 있다.

101 토지의 이용 및 규제에 관한 사항(「토지이용규제 기본법」 제10조에 따른 토지이용
계획확인서의 내용)은 부동산종합공부의 등록사항이다.

102 지적소관청은 부동산종합공부의 등록사항 중 등록사항 상호 간에 일치하지 아니하는
사항에 대해서는 등록사항을 관리하는 기관의 장에게 그 내용을 통지하여 등록사항
정정을 요청할 수 있다.

103 '신규등록'이라 함은 새로이 조성된 토지 및 등록이 누락되어 있는 토지를 지적공부에
등록하는 것을 말한다.

104 신규등록할 토지가 있는 때에는 60일 이내 지적소관청에 신청하여야 한다.

105 공유수면매립에 의거 신규등록을 신청하는 때에는 신규등록 사유를 기재한 신청서에
공유수면 관리 및 매립에 관한 법률에 의한 준공인가필증 사본을 첨부하여 지적소관
청에 제출하여야 한다.

106 신규등록 신청시 첨부해야 하는 서류를 그 지적소관청이 관리하는 경우에는 지적소
관청의 확인으로써 그 서류의 제출에 갈음할 수 있다.

107 신규등록을 한 경우에 등기기록이 존재하지 않으므로 등기촉탁을 하지 않는다.

108 신규등록을 신청할 때 첨부해야 할 소유권에 관한 증명서류

> ㉠ 법원의 확정판결 정본 또는 사본
> ㉡ 공유수면매립법에 의한 준공인가필증 사본
> ㉢ 도시계획구역안의 토지를 당해 지방자치단체의 명의로 등록하는 때에는 기획재
>   정부장관과 협의한 문서의 사본
> ㉣ 그 밖에 관계법령에 의하여 소유권이 증명되는 서류의 사본

109 토지소유자는 등록전환할 토지가 있으면 그 사유가 발생한 날부터 60일 이내에 지적
소관청에 등록전환을 신청하여야 한다.

110 산지관리법, 건축법 등 관계 법령에 따른 개발행위 허가 등을 받은 경우에는 지목변
경과 관계없이 등록전환을 신청할 수 있다.

111 임야도에 등록된 토지가 사실상 형질변경되었으나 지목변경을 할 수 없는 경우에는 등록전환을 신청할 수 있다.

112 지적소관청은 등록전환에 따라 지적공부를 정리한 경우, 지체 없이 관할 등기관서에 토지의 표시 변경에 관한 등기를 촉탁하여야 한다.

113 등록전환을 하는 경우 임야대장의 면적과 등록전환될 면적의 차이가 오차허용범위 이내인 경우에는 등록전환될 면적을 등록전환 면적으로 결정하고, 오차허용범위를 초과하는 경우에는 임야대장의 면적 또는 임야도의 경계를 지적소관청이 직권으로 정정하여야 한다.

114 토지이용상 불합리한 지상경계를 시정하기 위한 경우에는 분할을 신청할 수 있다.

115 지적공부에 등록된 1필지의 일부가 관계법령에 의한 형질변경 등으로 용도가 다르게 된 때에는 지적소관청에 토지의 분할을 신청하여야 한다.

116 토지를 분할하는 경우 주거·사무실 등의 건축물이 있는 필지에 대하여는 분할 전의 지번을 우선하여 부여하여야 한다.

117 토지의 매매를 위하여 필요한 경우에는 분할을 신청할 수 있다.

118 합병에 따른 면적은 따로 지적측량을 하지 않고 합병 전 각 필지의 면적을 합산하여 합병 후 필지의 면적으로 결정한다.

119 토지소유자가 합병 전의 필지에 주거·사무실 등의 건축물이 있어서 그 건축물이 위치한 지번을 합병 후의 지번으로 신청할 때에는 그 지번을 합병 후의 지번으로 부여하여야 한다.

120 합병에 따른 경계는 따로 지적측량을 하지 않고 합병 전 필지의 경계 중 합병으로 필요 없게 된 부분을 말소하여 합병 후 필지의 경계로 결정한다.

121 지적소관청은 토지소유자의 합병신청에 의하여 토지의 이동이 있는 경우에는 지적공부를 정리하여야 하며, 이 경우에는 토지이동정리 결의서를 작성하여야 한다.

122 소유자별 공유지분이 서로 **다른 경우**에는 **합병할 수 없으나**, 소유자별 공유지분이 같은 경우에는 **합병할 수 있다.**

123 토지소유자는 **지목변경**을 할 토지가 있으면 그 사유가 발생한 날부터 60일 이내에 지적소관청에 지목변경을 신청하여야 한다.

124 **국토의 계획 및 이용에 관한 법률 등 관계 법령에 따른 토지의 형질변경 등의 공사가 준공된 경우에는 지목변경**을 신청할 수 있다.

125 전 · 답 · 과수원 상호 간의 지목변경을 신청하는 경우에는 토지의 용도가 변경되었음을 증명하는 서류의 사본 첨부를 **생략**할 수 있다.

126 도시개발법에 따른 도시개발사업의 원활한 추진을 위하여 사업시행자가 공사 준공 전에 토지의 **합병**을 신청하는 경우에는 **지목변경**을 신청할 수 있다.

127 지적소관청은 토지소유자가 통지를 받은 날부터 90일 이내에 등록말소신청을 하지 아니하면 직권으로 그 지적공부의 **등록사항을 말소**하여야 한다.

128 지적소관청은 지적공부에 등록된 토지가 지형의 변화 등으로 바다로 된 경우로서 원상(原狀)으로 회복될 수 없는 경우에는 지적공부에 등록된 **토지소유자에게 지적공부의 등록말소 신청**을 하도록 통지하여야 한다.

129 지적소관청은 바다로 된 토지의 **등록말소 신청**에 의하여 토지의 표시 변경에 관한 등기를 할 필요가 있는 경우에는 지체 없이 관할 등기관서에 그 **등기를 촉탁**하여야 한다.

130 지적소관청이 직권으로 지적공부의 등록사항을 말소한 후 지형의 변화 등으로 다시 **토지가 된 경우**에 토지로 **회복등록**을 하려면 그 지적측량성과 및 등록말소 당시의 지적공부 등 관계 자료에 따라야 한다.

131 지적소관청이 직권으로 지적공부의 **등록사항을 말소**하거나 **회복등록**하였을 때에는 그 정리 결과를 토지소유자 및 해당 공유수면의 관리청에 **통지**하여야 한다.

132 지적소관청은 하나의 **지번부여지역**에 서로 **다른 축척의 지적도**가 있는 경우에는 토지소유자의 신청 또는 지적소관청의 직권으로 일정한 지역을 정하여 그 지역의 축척을 **변경**할 수 있다.

133 축척변경을 신청하는 토지소유자는 축척변경 사유를 적은 신청서에 토지소유자 3분의 2 이상의 동의서를 첨부하여 지적소관청에 제출하여야 한다.

134 축척변경 시행지역의 **토지소유자 또는 점유자**는 시행공고가 된 날부터 30일 이내에 시행공고일 현재 점유하고 있는 경계에 **경계점표지를** 설치하여야 한다.

135 축척변경에 따른 **청산금의 납부 및 지급이 완료**되었을 때에는 지적소관청은 지체 없이 축척변경의 **확정공고**를 하고 확정된 사항을 지적공부에 등록하여야 한다.

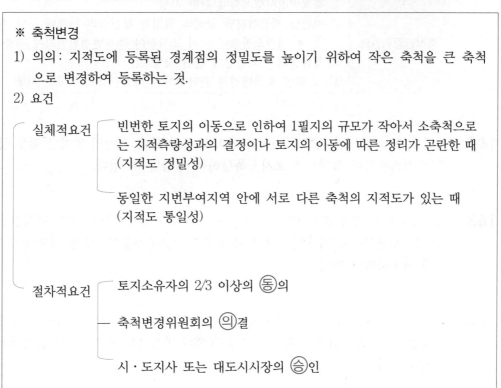

※ 축척변경
1) 의의 : 지적도에 등록된 경계점의 정밀도를 높이기 위하여 작은 축척을 큰 축척으로 변경하여 등록하는 것.
2) 요건

실체적요건 ┌ 빈번한 토지의 이동으로 인하여 1필지의 규모가 작아서 소축척으로는 지적측량성과의 결정이나 토지의 이동에 따른 정리가 곤란한 때 (지적도 정밀성)

└ 동일한 지번부여지역 안에 서로 다른 축척의 지적도가 있는 때 (지적도 통일성)

절차적요건 ┌ 토지소유자의 2/3 이상의 ⓓ의

├ 축척변경위원회의 ⓘ결

└ 시·도지사 또는 대도시시장의 ⓢ인

136 지적소관청은 시·도지사 또는 대도시 시장으로부터 축척변경 승인을 받았을 때에는 지체 없이 축척변경의 목적, 시행지역 및 시행기간, 축척변경의 시행에 관한 세부계획, **축척변경의 시행에 따른 청산방법**, 축척변경의 시행에 따른 토지소유자 등의 협조에 관한 사항을 20일 이상 공고하여야 한다.

137 지적소관청은 청산금의 결정을 공고한 날부터 20일 이내에 토지소유자에게 **청산금의 납부고지 또는 수령통지**를 하여야 한다.

138 지적소관청은 청산금의 수령통지를 한 날부터 6개월 이내에 청산금을 지급하여야 한다.

139 지적소관청은 청산금을 지급받을 자가 행방불명 등으로 받을 수 없거나 받기를 거부할 때에는 그 **청산금을 공탁할 수 있다.**

140 수령통지된 청산금에 관하여 이의가 있는 자는 수령통지를 받은 날부터 **1개월 이내**에 지적소관청에 **이의신청**을 할 수 있다.

141 축척변경위원회 심의 의결사항

축척변경위원회	① 축척변경시행계획에 관한 사항 ② 지번별 제곱미터당 금액의 결정과 청산금의 산정에 관한 사항 　→ 지적소관청이 미리 조사하여 축척변경위원회에 제출 ③ 청산금의 이의신청에 관한 사항 ④ 그 밖에 축척변경과 관련하여 지적소관청이 부의한 사항

142 지적도 및 임야도에 등록된 필지가 **면적의 증감 없이** 경계의 위치만 잘못 등록된 경우 지적소관청이 직권으로 **조사·측량**하여 **정정**할 수 있다.

143 토지소유자가 경계 또는 면적의 변경을 가져오는 등록사항에 대한 정정신청을 하는 때에는 정정사유를 기재한 신청서에 **등록사항정정측량성과도**를 첨부하여 지적소관청에 제출하여야 한다.

144 등록사항정정대상토지에 대한 대장을 열람하게 하거나 등본을 발급하는 때에는 '**등록사항정정대상토지**'라고 기재한 부분을 흑백의 반전으로 표시하거나 **붉은색**으로 기재하여야 한다.

145 지적소관청은 토지의 표시가 잘못되었음을 발견하였을 때에는 지체없이 등록사항 정정에 필요한 서류와 **등록사항 정정 측량성과도**를 작성하고, 토지이동정리 결의서를 작성한 후 대장의 사유란에 '**등록사항정정 대상토지**'라고 적는다.

146 지적소관청이 지적공부의 등록사항에 잘못이 있는지를 직권으로 조사·측량하여 정정할 수 있는 경우는 다음과 같다.

> ㉠ 토지이동정리 **결의서**의 내용과 **다르게** 정리된 경우
> ㉡ 지적도 및 임야도에 등록된 필지가 **면적의 증감 없이** 경계의 위치만 잘못된 경우
> ㉢ 1필지가 각각 다른 지적도나 임야도에 등록되어 있는 경우로서 지적공부에 등록된 면적과 측량한 실제면적은 **일치**하지만 지적도나 임야도에 등록된 경계가 **서로 접합되지 않아** 지적도나 임야도에 등록된 경계를 지상의 경계에 맞추어 정정하여야 하는 토지가 발견된 경우
> ㉣ 지적공부의 작성 또는 재작성 당시 잘못 정리된 경우
> ㉤ 지적측량성과와 **다르게** 정리된 경우
> ㉥ 지방지적위원회 또는 중앙지적위원회의 의결서 사본을 받은 지적소관청은 그 내용에 따라 지적공부의 등록사항을 정정하는 경우
> ㉦ 지적공부의 등록사항이 **잘못 입력된** 경우
> ㉧ 토지합필등기의 제한에 위반하여 등기신청을 각하하는 등기관의 통지가 있는 경우(지적소관청의 착오로 잘못 합병한 경우만 해당함)
> ㉨ 척관법에서 미터법으로 전환시에 면적 환산이 잘못된 경우

147 등록사항정정 신청사항이 **미등기토지의 소유자 성명에 관한 사항**으로서 명백히 잘못 기재된 경우에는 **가족관계기록사항에 관한 증명서에** 의하여 정정할 수 있다.

148 토지소유자는 지적공부의 등록사항에 잘못이 있음을 발견한 때에는 지적소관청에 그 정정을 신청할 수 있다.

149 지적소관청에 「도시개발법」에 따른 도시개발사업, 「농어촌정비법」에 따른 농어촌정비사업 등의 **사업시행자는** 그 사업의 **착수·변경 및 완료** 사실을 신고하여야 그 사유가 발생한 날부터 15일 이내에 하여야 한다.

150 「도시개발법」에 따른 도시개발사업의 착수를 지적소관청에 신고하려는 자는 도시개발사업 등의 착수(시행)·변경·완료 신고서에 사업인가서, 지번별 조서, 사업계획도를 첨부하여야 한다.

151 「도시 및 주거환경정비법」에 따른 정비사업의 착수·변경 또는 완료된 사실의 신고는 그 사유가 발생한 날부터 15일 이내에 하여야 한다.

152 「주택법」에 따른 주택건설사업의 **시행자가 파산** 등의 이유로 토지의 이동 신청을 할 수 없을 때에는 그 주택의 시공을 **보증한 자** 또는 입주예정자 등이 신청할 수 있다.

153 「택지개발촉진법」에 따른 택지개발사업의 사업시행자가 지적소관청에 토지의 이동을 신청한 경우 신청 대상지역이 **환지(煥地)를 수반**하는 경우에는 지적소관청에 신고한 **사업완료 신고**로써 이를 갈음할 수 있다. 이 경우 사업완료신고서에 택지개발 사업시행자가 토지의 이동신청을 갈음한다는 뜻을 적어야 한다.

154 지적소관청은 등기부에 적혀 있는 **토지의 표시가 지적공부와 일치하지 아니하면** 토지소유자를 정리할 수 **없다.**

155 「국유재산법」에 따른 총괄청이나 같은 법에 따른 중앙관서의 장이 소유자 없는 부동산에 대한 소유자 등록을 신청하는 경우 지적소관청은 지적공부에 해당 **토지의 소유자가 등록되지 아니한 경우에만** 등록할 수 있다.

156 지적소관청은 필요하다고 인정하는 경우에는 관할 등기관서의 등기부를 열람하여 지적공부와 부동산등기부가 일치하는지 여부를 조사·확인하여야 한다.

157 지적소관청 소속 공무원이 지적공부와 부동산등기부의 **부합 여부를 확인**하기 위하여 등기전산정보자료의 제공을 요청하는 경우 그 **수수료는 무료**로 한다.

158 지적정리 등의 **통지 대상**은 다음과 같다(법 제90조)

> ① 지적소관청이 **직권**으로 조사·측량하여 토지의 이동을 정리한 경우
> ② **지번변경**을 한 경우
> ③ 지적공부를 **복구**한 경우
> ④ 바다로 된 토지에 대하여 지적소관청이 **직권**으로 정리한 경우
> ⑤ 등록사항의 오류에 대하여 지적소관청이 **직권**으로 정정한 경우
> ⑥ 행정구역의 개편으로 지적소관청이 새로이 지번을 부여한 경우
> ⑦ 도시개발사업 등의 **사업시행자**의 토지이동신청에 의하여 정리한 경우
> ⑧ 채권자 등의 **대위신청**에 의하여 지적공부를 정리한 경우
> ⑨ **등기촉탁**을 한 경우

159 지적소관청이 시·도지사나 대도시 시장의 승인을 받아 지번부여지역의 일부에 대한 **지번을 변경**하여 지적공부에 등록한 경우 **해당 토지소유자에게 통지**하여야 한다.

160 지적소관청은 지적공부의 전부 또는 일부가 멸실되거나 훼손되어 이를 복구 등록한 경우 해당 **토지소유자에게 통지**하여야 한다.

161 토지의 표시에 관한 **변경등기가 필요한** 지적정리 등의 통지는 지적소관청이 그 등기 완료의 통지서를 접수한 날부터 15일 이내 해당 토지소유자에게 하여야 한다.

162 토지의 표시에 관한 **변경등기가 필요하지 아니한 경우**에는 지적공부에 등록한 날부터 7일 이내에 토지소유자에게 통지하여야 한다.

163 토지소유자의 신청에 의하여 지적정리 등을 한 경우에는 토지소유자에게 지적정리 등의 통지를 하지 않는다.

164 지적공부에 등록된 **토지소유자의 변경사항**은 등기관서에서 등기한 것을 증명하는 **등기필증, 등기완료통지서, 등기사항증명서** 또는 등기관서에서 제공한 **등기전산정보 자료**에 따라 정리한다.

165 신규등록하는 토지의 소유자는 지적소관청이 직접 조사하여 등록한다.(등기촉탁×)

166 지적소관청이 직권으로 조사·측량하여 결정한 지번·지목·면적·경계 또는 좌표를 지적공부에 등록한 경우 해당 **토지소유자에게 통지**하여야 한다.

167 토지소유자는 지적공부에 등록된 1필지의 일부가 형질변경 등으로 용도가 변경된 경우에는 용도가 변경된 날부터 60일 이내에 지적소관청에 토지의 분할을 신청하여야 한다.

168 지적소관청은 지적공부의 등록사항에 토지이동정리결의서의 내용과 **다르게 정리된** 경우 직권으로 조사·측량하여 **정정**할 수 있다.

169 지적소관청은 토지소유자의 변동 등에 따라 지적공부를 정리하려는 경우에는 소유자 정리결의서를 작성하여야 한다.

170 지적소관청은 토지이동(신규등록은 제외)에 따른 토지의 표시변경에 관한 등기를 할 필요가 있는 경우에는 지체 없이 관할 등기관서에 그 등기를 촉탁하여야 한다.

171 다음 각 호의 어느 하나에 해당하는 경우에는 지적측량을 하여야 한다.

> 1. 지적기준점을 정하는 경우(**기초측량**)
> 2. 지적측량성과를 검사하는 경우(**검사측량**)
> 3. 다음 각 목의 어느 하나에 해당하는 경우로서 측량을 할 필요가 있는 경우
>   ① 지적공부를 복구하는 경우(**복구측량**)
>   ② 토지를 신규등록하는 경우(**신규등록측량**)
>   ③ 토지를 등록전환하는 경우(**등록전환측량**)
>   ④ 토지를 분할하는 경우(**분할측량**)
>   ⑤ 바다가 된 토지의 등록을 말소하는 경우(**해면성말소측량**)
>   ⑥ 축척을 변경하는 경우(**축척변경측량**)
>   ⑦ 지적공부의 등록사항을 정정하는 경우(**등록사항정정측량**)
>   ⑧ 도시개발사업 등의 시행지역에서 토지의 이동이 있는 경우(**지적확정측량**)
>   ⑨ 지적재조사에 관한 특별법에 따른 지적재조사사업에 따라 토지의 이동이 있는 경우(**지적재조사측량**)
> 4. 경계점을 지상에 복원하는 경우(**경계복원측량**)
> 5. 지상건축물 등의 현황을 지적도 및 임야도에 등록된 경계와 대비하여 표시하는 데에 필요한 경우(**지적현황측량**)

172 경계복원측량과 지적현황측량은 **검사를 받지 않는다.**

173 지적측량수행자가 지적측량 의뢰를 받은 때에는 측량기간, 측량일자 및 측량수수료 등을 적은 **지적측량 수행계획서**를 그 **다음 날까지** 지적소관청에 **제출**하여야 한다.

174 토지소유자 등 이해관계인은 지적측량을 할 필요가 있는 경우에는 지적측량수행자에게 지적측량을 의뢰하여야 하나, **검사측량과 지적재조사측량은 의뢰**하는 측량이 **아니다.**

175 연속지적도는 측량에 활용할 수 없는 도면이다.

176 지상건축물 등의 **현황**을 지적도 및 임야도에 등록된 경계와 대비하여 표시하는 데에 필요한 경우에 하는 측량은 **지적현황측량**이다.

177 「지적재조사에 관한 특별법」에 따른 **지적재조사사업**에 따라 토지의 이동이 있는 경우로서 측량을 할 필요가 있는 경우에 **측량**을 한다.

178 지적측량수행자가 실시한 측량성과에 대하여 **지적소관청**이 **검사**를 위해 **측량**을 하는 경우에 측량을 한다.

179 지상건축물 등의 현황을 지적도 및 임야도에 등록된 경계와 대비하여 표시하기 위해 측량을 할 필요가 있는 경우에 측량을 한다.

180 「도시 및 주거환경정비법」에 따른 정비사업 시행지역에서 토지의 이동이 있는 경우로서 측량을 할 필요가 있는 경우에 측량을 한다.

181 지적삼각점성과에 대해서는 특별시장·광역시장·특별자치시장·도지사·특별자치도지사(이하 "시·도지사"라 한다) 또는 지적소관청에 신청하여야 한다.

182 지적측량 기준점 관리 및 열람·등본발급

구 분	측량성과의 관리	측량성과의 열람 및 등본발급
지적삼각점	시·도지사	시·도지사 또는 지적소관청
지적삼각보조점	지적소관청	지적소관청
지적도근점	지적소관청	지적소관청

183 토지소유자는 토지를 분할하는 경우로서 지적측량을 할 필요가 있는 경우에는 지적측량수행자에게 지적측량을 의뢰하여야 한다.

184 지적측량을 의뢰하려는 자는 지적측량 의뢰서(전자문서로 된 의뢰서를 포함한다)에 의뢰 사유를 증명하는 서류(전자문서를 포함한다)를 첨부하여 지적측량수행자에게 제출하여야 한다.

185 지적측량수행자는 지적측량 의뢰를 받은 때에는 측량기간, 측량일자 및 측량 수수료 등을 적은 지적측량 수행계획서를 그 다음 날까지 지적소관청에 제출하여야 한다.

186 지적기준점을 설치하지 않고 측량 또는 측량검사를 하는 경우 지적측량의 **측량기간은 5일, 측량검사기간은 4일**을 원칙으로 한다.

187 지적기준점을 설치하지 아니하고, 지적측량의뢰인과 지적측량수행자가 서로 합의하여 따로 기간을 정하는 경우를 제외한 지적측량의 측량기간은 5일, 측량검사기간은 4일로 한다.

188 지적측량은 지적기준점을 정하기 위한 기초측량과 1필지의 경계와 면적을 정하는 세부측량으로 구분하며, 평판측량, 전자평판측량, 경위의측량, 전파기 또는 광파기측량, 사진측량 및 위성측량 등의 방법에 따른다.

189 지적공부의 복구ㆍ신규등록ㆍ등록전환 및 축척변경을 하기 위하여 세부측량을 하는 경우에는 필지마다 면적을 측정하여야 한다.

190 지적기준점측량의 절차는 **계획의 수립, 준비 및 현지답사, 선점(選點), 조표(調標), 관측 및 계산과 성과표의 작성** 순서에 따른다.

191 지적측량의뢰인과 지적측량수행자가 서로 합의하여 따로 측량기간과 측량검사기간을 정하는 경우에는 그 기간에 따르되, 전체 기간의 4분의 3은 측량기간으로, 전체 기간의 4분의 1은 측량검사기간으로 본다.

192 토지소유자, 이해관계인 또는 지적측량수행자는 지적측량성과에 대하여 다툼이 있는 경우에는 관할 시ㆍ도지사를 거쳐 지방지적위원회에 지적측량 적부심사를 청구할 수 있다.

193 시ㆍ도지사는 지방지적위원회의 의결서를 받은 날로부터 7일 이내에 지적측량 적부심사 청구인 및 이해관계인에게 그 의결서를 통지하여야 한다.

194 시ㆍ도지사로부터 의결서를 받은 자가 지방지적위원회의 의결에 불복하는 경우에는 그 의결서를 받은 날부터 90일 이내에 국토교통부장관을 거쳐 중앙지적위원회에 재심사를 청구할 수 있다.

195 중앙지적위원회는 관계인을 출석하게 하여 의견을 들을 수 있으며, 필요하면 현지조사를 할 수 있다.

중앙지적위원회
국토교통부
지적측량 적부심사에 대한 재심사
지적 관련 정책 개발 및 업무 개선 등에 관한 사항
지적측량기술의 연구ㆍ개발 및 보급에 관한 사항
지적분야 측량기술자(지적기술자)의 양성에 관한 사항
지적기술자의 업무정지 처분 및 징계요구에 관한 사항

196 지적측량 적부심사청구를 받은 시ㆍ도지사는 30일 이내에 다툼이 되는 지적측량의 경위 및 그 성과, 해당 토지에 대한 토지이동 및 소유권 변동 연혁, 해당 토지 주변의 측량기준점, 경계, 주요 구조물 등 현황 실측도를 조사하여 지방지적위원회에 회부하여야 한다.

197 지적측량 적부심사청구를 회부받은 지방지적위원회는 부득이한 경우가 아닌 경우 그 심사청구를 회부받은 날부터 60일 이내에 심의·의결하여야 한다.

198 지방지적위원회는 부득이한 경우에 심의기간을 해당 지적위원회의 의결을 거쳐 30일 이내에서 한 번만 연장할 수 있다.

199 의결서를 받은 자가 지방지적위원회의 의결에 불복하는 경우에는 그 의결서를 받은 날부터 90일 이내에 시·도지사를 거쳐 중앙지적위원회에 재심사를 청구할 수 있다.

200 시·도지사는 지방지적위원회의 지적측량 적부심사 의결서를 받은 날부터 7일 이내에 지적측량 적부심사 청구인 및 이해관계인에게 그 의결서를 통지하여야 한다.

등기법

201 폐쇄한 등기기록은 영구히 보존해야 한다.

202 A토지를 B토지에 합병하여 등기관이 합필등기를 한 때에는 A토지에 관한 등기기록을 폐쇄해야 한다.

203 등기부부본자료는 등기부와 동일한 내용으로 보조기억장치에 기록된 자료이다.

204 등기사항증명서 발급신청시 매매목록은 그 신청이 있는 경우에만 등기사항증명서에 포함하여 발급한다.

205 폐쇄한 등기기록에 대하여도 누구든지 수수료를 내고 등기사항의 전부 또는 일부의 열람과 이를 증명하는 등기사항증명서의 발급을 청구할 수 있다.

206 건물소유권의 공유지분 일부에 대하여는 전세권설정등기를 할 수 없다.

207 구분건물에 대하여는 전유부분마다 부동산고유번호를 부여한다.

208 전세금을 증액하는 전세권변경등기는 등기상 이해관계 있는 제3자의 승낙 또는 이에 대항할 수 있는 재판의 등본이 **없으면** 부기등기가 아닌 **주등기**로 해야 한다.

209 등기관이 부기등기를 할 때에는 주등기 또는 부기등기의 순위번호에 가지번호를 붙여서 하여야 한다.

210 **누구든지** 수수료를 내고 대법원규칙으로 정하는 바에 따라 등기기록에 기록되어 있는 사항의 전부 또는 일부의 **열람**과 이를 증명하는 등기사항증명서의 **발급**을 청구할 수 있다.

211 등기기록의 **부속서류**에 대하여는 **이해관계 있는 부분**만 **열람**을 청구할 수 있다.

212 **신청서나 그 밖의 부속서류**에 대하여는 **전쟁·천재지변**이나 그 밖에 이에 준하는 사태를 피하기 위한 경우 또는 **법원의 명령·촉탁**이 있거나 법관이 발부한 **영장**에 의하여 압수하는 경우에는 **등기소 밖으로 옮길 수 있다.**

213 **등기부나 등기부 부속서류**는 전쟁·천재지변이나 그 밖에 이에 준하는 사태를 피하기 위한 경우 외에는 등기소 밖으로 **옮기지 못한다.**

214 등기관이 등기를 마친 경우 그 등기는 **접수한 때**부터 **효력**을 발생한다.

215 1필의 토지 전부에 대하여, 이미 소멸한 전세권의 설정등기가 존재하는 경우 다른 전세권의 설정등기신청을 수리하지 못한다.

216 등기의 **추정력**은 갑구·을구의 등기에 인정되며, **표제부의 등기에는 인정되지 않는다.**

217 소유권이전등기가 경료된 경우, 그 등기명의인은 직전소유자에 대하여 적법한 등기원인에 의하여 소유권을 취득한 것으로 추정된다.

218 **무효**인 매매계약을 원인으로 이전등기가 된 경우, 그 등기의 **말소등기를 하지 않고** 매도인 명의로의 소유권이전등기를 할 수 있다**.**

219 등기를 마친 경우 그 등기의 **효력**은 대법원규칙으로 정하는 등기신청정보가 전산정보처리조직에 **저장된 때** 발생한다.

220 대지권을 등기한 후에 한 건물의 권리에 관한 등기는 건물만에 관한 것이라는 뜻의 부기등기가 없으면 대지권에 대하여 동일한 등기로서 효력이 있다.

221 같은 주등기에 관한 부기등기 상호간의 순위는 그 등기 순서에 따른다.

222 등기권리의 적법추정은 등기원인의 적법에서 연유한 것이므로 등기원인에도 당연히 적법추정이 인정된다.

223 소유권이전등기청구권 보전을 위한 **가등기**에 기한 **본등기**가 된 경우 소유권이전의 **효력**은 본등기시에 **발생**한다.

224 소유권이전등기청구권 보전을 위한 **가등기권리자**는 그 본등기를 명하는 판결이 확정된 경우라도 가등기에 기한 본등기를 마치기 전 가등기만으로는 가등기된 부동산에 경료된 무효인 중복소유권보존등기의 말소를 청구할 수 **없다.**

225 **폐쇄된** 등기기록에 기록되어 있는 등기사항에 관한 **경정등기**는 할 수 **없다.**

226 등기원인을 실제와 다르게 증여를 매매로 등기한 경우, 그 등기가 실체관계에 부합하면 유효하다.

227 미등기부동산을 대장상 소유자로부터 양수인이 이전받아 양수인명의로 소유권보존등기를 한 경우, 그 등기가 실체관계에 부합하면 유효하다.

228 권리자는 甲임에도 불구하고 당사자 신청의 착오로 乙명의로 등기된 경우, 그 불일치는 **경정등기**로 시정할 수 **없다.**

229 건물에 관한 보존등기상의 표시와 실제건물과의 사이에 건물의 건축시기, 건물 각 부분의 구조, 평수, 소재 지번 등에 관하여 **다소의 차이**가 있다 할지라도 사회통념상 동일성 혹은 유사성이 인식될 수 있으면 그 등기는 당해 건물에 관한 등기로서 **유효**하다.

230 선·후등기기록에 등기된 최종 소유권의 등기명의인이 같은 경우로서 후등기기록에 소유권 이외의 권리가 등기되고 선등기기록에 그러한 등기가 없으면, 선등기기록을 폐쇄한다.

231 중복등기기록 중 어느 한 등기기록의 최종 소유권의 등기명의인은 그 명의의 등기기록의 폐쇄를 신청할 수 있다.

232 등기된 토지의 일부에 관하여 별개의 등기기록이 개설된 경우, 등기관은 직권으로 분필등기를 한 후 중복등기기록을 정리하여야 한다.

233 매매계약과 같이 계약의 당사자가 서로 **대가적인 채무를 부담하는 경우**에는 반대급부의 이행이 완료된 날로부터 60일 이내에 소유권이전등기를 신청하여야 한다.

234 **증여계약의 효력이 발생한 날부터 60일 내에** X부동산에 대한 소유권이전등기를 신청하여야 한다.

235 특별한 사정이 없으면, 신청기간 내에 소유권이전등기를 신청하지 않아도 원인된 계약은 효력을 잃지 않는다.

236 甲이 X부동산에 대한 **소유권보존등기를 신청할 수 있음에도** 이를 하지 않고 乙에게 증여하는 계약을 체결하였다면, **증여계약의 체결일이** 보존등기 신청기간의 기산일이다.

237 **태아는 등기당사자능력이 없으므로, 태아의 명의로 등기를 신청할 수 없다.**

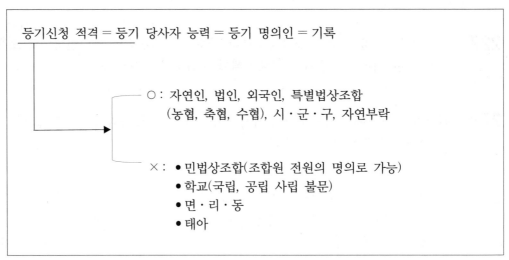

238 민법상 조합은 등기당사자능력이 없으므로, 조합의 명의로 등기를 신청할 수 **없다.**

239 **특별법상 조합**은 사단의 성질을 가지므로 조합의 명의로 등기를 신청할 수 **있다.**

240 지방자치단체는 법인으로서 등기당사자능력이 인정되므로, 지방자치단체의 명의로 등기를 신청할 수 있다.

241 학교는 시설물에 불과하므로 등기당사자능력이 없다. 따라서 학교명의로는 등기를 신청할 수 없고, 그 설립주체의 명의로 등기를 신청하여야 한다.

242 국립학교는 국가명의, 공립학교는 지방자치단체명의, 사립학교의 경우에는 설립재단 명의로 등기를 신청하여야 한다.

243 甲 소유로 등기된 토지에 설정된 乙 명의의 근저당권을 丙에게 이전하는 등기를 신청하는 경우, 등기의무자는 乙이다.

244 채무자 甲에서 乙로 소유권이전등기가 이루어졌으나 甲의 채권자 丙이 등기원인이 사해행위임을 이유로 그 소유권이전등기의 말소판결을 받은 경우, 그 판결에 따른 등기에 있어서 등기권리자는 甲이다.

245 실체법상 등기권리자와 절차법상 등기권리자는 일치하지 않는 경우도 있다.

246 실체법상 등기권리자는 실체법상 등기의무자에 대해 등기신청에 협력할 것을 요구할 권리를 가진 자이다.

247 절차법상 등기의무자에 해당하는지 여부는 등기기록상 형식적으로 판단해야 하고, 실체법상 등기의무에 대해서는 고려해서는 안 된다.

248 甲이 자신의 부동산에 설정해 준 乙명의의 저당권설정등기를 말소하는 경우, 甲이 절차법상 등기권리자에 해당한다.

249 승소한 등기권리자 또는 승소한 등기의무자는 단독으로 판결에 의한 등기신청을 할 수 있으나, 패소한 등기의무자는 그 판결에 기하여 직접 등기신청을 할 수 없다.

	내 용
진정성확보 〈판결〉	원칙적으로 이행판결만 의미 확정판결이어야 함 승소한 ~~~ 단독신청 가능 패소한 ~~~ 단독신청 불가능 └→ 예외 : 공유물 분할판결은 패소한 원·피고에 상관없이 가능

250 공유물분할판결을 첨부하여 등기권리자가 단독으로 공유물분할을 원인으로 한 지분 이전등기를 신청할 수 있다.

251 승소한 등기권리자가 그 소송의 변론종결 후 사망하였다면, 상속인이 그 판결에 의해 직접 자기 명의로 등기를 신청할 수 있다.

252 채권자 대위소송에서 채무자가 그 소송이 제기된 사실을 알았을 경우, 채무자도 채권 자가 얻은 승소판결에 의하여 단독으로 그 등기를 신청할 수 있다.

253 등기절차의 이행을 명하는 판결이 확정된 후, 10년이 지난 경우에도 그 판결에 의한 등기신청을 할 수 있다.

254 단독신청

	내 용	비 고
등기의무자 無	소유권 보존등기, 상속등기 등기명의인, 부동산표시변경 · 경정등기 말소등기 중(사망, 행방불명, 혼동의 경우) 멸실등기 규약상 공용부분 취지의 등기 규약상 공용부분 취지의 등기 말소시 신탁등기에서 신탁재산의 증 · 감 변동시 수탁자 단독(위탁자 배제) 토지수용 ～～ 단독신청	※ **유증**(특정, 포괄) ⇒ **공동**신청 ※ 토지수용 **실효**시 ⇒ **공동**신청 ※ 소유권**포기** ⇒ **공동**신청

255 이행판결에 의한 등기는 승소한 등기권리자 또는 승소한 등기의무자만이 단독으로 신청을 할 수 있다.

256 신탁재산에 속하는 부동산의 신탁등기는 수탁자가 단독으로 신청한다.

257 법인 아닌 사단이나 재단 명의의 등기를 할 때에는 법인 아닌 사단이나 재단의 명 칭 · 부동산등기용등록번호 · 사무소소재지 이외에 그 대표자나 관리인의 성명 · 주 소 · 주민등록번호를 함께 제공하여야 한다.

258 전자신청의 경우, 인감증명을 제출해야 하는 자가 인증서정보(전자서명정보)를 송신 할 때에는 인감증명서정보의 송신을 요하지 않는다.

259 외국인도 외국인등록을 하면 전산정보처리조직에 의한 사용자등록을 할 수 있으므로 전자신청을 할 수 있다.

260 전자표준양식에 의한 신청도 방문신청의 일종이므로, 자격자대리인(법무사 등)이 아닌 자도 타인을 대리하여 등기를 신청할 수 있다.

261 등기신청의 당사자나 대리인이 전자신청을 하려면 미리 사용자등록을 해야 하며, 사용자등록의 유효기간은 3년이다.

262 전자신청을 위한 사용자등록의 관할 등기소는 없다.

263 법인이 아닌 사단의 경우, 그 사단 명의로 대표자가 전자신청을 할 수 없다.

264 사용자등록의 유효기간 3년이 경과한 경우에 연장할 수 있다.

265 신청서

1) 필요적 기재사항	2) 임의적 기재사항
(1) **부동산의 표시** ① 토지 : 소재, 지번, 지목, 면적 ② 건물 : 소재, 지번, 도로명주소, 구조, 종류, 면적 　수개의 건물이 있는 경우 → 건물의 번호 　부속건물 → 구조, 종류, 면적 ③ 구분건물 　ㄱ. 1동의 건물 : 소재, 지번, 도로명주소, 건물명칭, 번호, 구조, 종류, 면적 　ㄴ. 전유부분 : 번호, 구조, 면적 (2) **등기원인과 그 연·월·일** (3) **등기의 목적** : 신청하는 등기의 내용 또는 종류 (4) **신청인** ① 자연인 : 성명, 주소, 주민등록번호(주민등록번호가 없는 경우 부동산등기용등록번호) ② 법인 : 명칭, 사무소소재지, 부동산등기용등록번호 ③ 비법인 사단·재단 : 명칭, 사무소소재지, 부동산등기용등록번호 ④ 대리인 : 성명, 주소(주민등록번호를 기재하지 않는다.) 　단, 비법인 사단의 경우 대표자 또는 관리인의 성명, 주소, 주민등록번호 ⑤ 대위신청 : 채권자, 채무자의 성명, 명칭, 주소 또는 사무소와 대위 원인 ⑥ 등기권리자가 2인 이상인 경우 : 지분을 기록 (5) **등기필정보**	임의적기재사항은 필요적기재사항과는 다르게 당사자간에 약정이 없으면 이를 신청서에 기재하지 아니하여도 상관없지만, **등기원인증서**에 그러한 약정이 있는 경우에는 **신청서**에 **반드시 기재**하여야 하며 기재하지 않은 신청서는 부동산등기법 제29조 제5호 신청정보의 제공이 대법원규칙으로 정한 방식에 맞지 아니한 경우에 해당하여 등기신청을 각하한다. ※ **임의적기재사항**이 **등기대상**이 되는 것은 **법률의 규정**이 있는 경우이다. 1) 각종의 ~ **기간**(환매기간, 전세권존속기간 등) 2) 각종의 ~ **약정** (권리소멸의 약정 등) 3) 각종의 ~ **특약** (환매특약 등) 4) 지상권에서의 지료 등

266 계약을 원인으로 한 소유권이전등기신청의 경우에 검인을 받아야 한다.

267 부동산소재지 관할시장 등이 검인기관이다.

268 검인신청인은 당사자 중 1인, 수임인, 계약서를 작성한 변호사, 법무사, 중개업자이다.

269 검인신청을 받은 시장 등은 계약서의 기재사항에 관한 **형식적심사**를 하여야 한다.

270 등기원인증명정보가 집행력 있는 판결서인 경우에도 소유권이전등기를 신청하는 경우에는 검인을 받아야 한다.

271 상속 · 포괄유증 · 토지수용 · 시효취득 · 공유물분할 또는 진정명의회복을 원인으로 하여 소유권이전등기를 신청하는 경우에는 농지취득자격증명을 제공하지 않는다.

272 부동산등기용등록번호

> 1. 국가, 지방자치단체, 국제기관 및 외국정부의 등록번호는 국토교통부장관이 지정 · 고시한다.
> 2. 법인의 등록번호는 주된사무소 소재지 관할 등기소의 등기관이 부여한다.
> 3. 등기권리자가 법인 아닌 사단 또는 재단인 경우 시장, 군수, 구청장이 부여한다.
> 4. 주민등록번호가 없는 재외국민은 대법원소재지 관할 등기소의 등기관이 부여한다.
> 5. 외국인에 대한 등록번호는 체류지(국내에 체류지가 없는 경우에는 대법원 소재지에 체류지가 있는 것으로 본다)를 관할하는 출입국관리사무소장(출장소장)이 부여한다.

273 신고필증상의 거래부동산이 2개 이상인 경우 또는 거래부동산이 1개라 하더라도 여러 명의 매도인과 여러 명의 매수인 사이의 매매계약인 경우에는 매매목록도 첨부정보로서 등기소에 제공하여야 한다.

274 2006.1.1 이전에 작성된 매매계약서를 등기원인증서로 한 경우에는 거래가액을 등기하지 않는다.

275 등기원인이 매매라 하더라도 등기원인증서가 판결 등 매매계약서가 아닌 때에는 거래가액을 등기하지 않는다.

276 당초의 신청에 착오가 있는 경우 등기된 매매목록을 경정할 수 있다.

277 등기원인증서와 신고필증에 기재된 사항이 서로 달라 동일한 거래라고 인정할 수 없는 등기신청은 각하된다.

278 대표자의 성명, 주소 및 주민등록번호를 신청정보의 내용으로 제공하여야 한다.

279 법인 아닌 사단이 등기의무자인 경우, 사원총회결의가 있었음을 증명하는 정보를 첨부정보로 제공하여야 한다.

280 등기되어 있는 대표자가 등기를 신청하는 경우, 대표자임을 증명하는 정보를 첨부정보로 제공할 필요가 없다.

281 대표자의 주소 및 주민등록번호를 증명하는 정보를 첨부정보로 제공하여야 한다.

282 정관이나 그 밖의 규약의 정보를 첨부정보로 제공하여야 한다.

283 사권(私權)의 목적이 되는 부동산이면 공용제한을 받고 있다 하더라도 등기의 대상이 된다.

284 건물의 공유지분에 대하여는 전세권등기를 할 수 없다.

285 1동의 건물을 구분 또는 분할의 절차를 밟기 전에도 건물 일부에 대한 전세권설정등기가 가능하다.

286 주위토지통행권은 확인판결을 받았다 하더라도 등기할 수 없다.

287 인터넷을 통해 인감증명서 발급예약을 신청하고 신용카드로 수수료를 결제한 경우, 예약에 따라 등기소에서 인감증명서 작성이 완료된 후에는 그 신청을 철회할 수 없다.

288 1필 토지의 일부를 목적으로 하는 저당권이나 지상권은 등기할 수 있으나 '아파트 분양약관상의 일정기간 전매금지특약'은 등기할 수 없다.

289 등기신청에 대해 등기관이 각하하는 등기

① 가등기에 기한 **본등기금지가처분** 등기를 신청한 경우
② 소유권이전등기말소청구권을 보전하기 위한 **가등기**를 신청한 경우
③ 저당권을 **피담보채권과 분리**하여 다른 채권의 담보로 하는 등기를 신청한 경우
④ **일부지분에 대한 소유권보존등기**를 신청한 경우
⑤ 구분건물의 **전유부분과 대지사용권의 분리처분** 금지에 위반한 등기를 신청한 경우
⑥ 저당권을 피담보채권과 분리하여 양도하거나, 피담보채권과 분리하여 다른 채권의 담보로 하는 등기를 신청한 경우
⑦ 이미 보존등기된 부동산에 대하여 **다시 보존등기**를 신청한 경우
⑧ **법령에 근거가 없는 특약사항의 등기**를 신청한 경우
⑨ 매매로 인한 소유권이전등기 **이후**에 **환매특약등기**를 신청한 경우
⑩ **관공서의 공매처분으로 인한 권리이전의 등기를 매수인이 신청한 경우**

290 지방자치단체가 등기권리자인 경우, 등기관은 등기필정보를 작성·통지하지 않는다.

291 승소한 등기의무자가 단독으로 등기신청을 한 경우, 등기필정보를 등기권리자에게 통지하지 않아도 된다.

292 등기관이 새로운 권리에 관한 등기를 마친 경우, 원칙적으로 등기필정보를 작성하여 등기권리자에게 통지해야 한다.

293 등기권리자가 등기필정보를 분실한 경우, 관할 등기소에 재교부를 신청할 수 없다.

294 승소한 등기의무자가 단독으로 권리에 관한 등기를 신청하는 경우, 그의 등기필정보를 등기소에 제공해야 한다.

295 등기관이 법원의 촉탁에 따라 가압류등기를 하기 위해 직권으로 소유권보존등기를 한 경우, 소유자에게 등기필정보를 통지하지 않는다.

		등기관이 등기권리자의 신청에 의하여 새로운 권리에 관한 등기를 하였을 때에는 등기필정보를 작성하여 등기권리자에게 통지하여야 한다
등기필정보	○	① 부동산등기법 제2조 기타 법령에서 등기할 수 있는 권리로 규정하고 있는 권리를 보존, 설정, 이전하는 등기를 하는 경우 ② 위 ①의 권리의 설정 또는 이전청구권 보전을 위한 가등기를 하는 경우 ③ 권리자를 추가하는 경정 또는 변경등기(갑 단독소유를 갑, 을 공유로 경정하는 경우나 합유자가 추가되는 합유명의인표시변경 등기 등)를 하는 경우
	×	① 부동산표시등기, 말소등기, 멸실등기 ② 등기명의인과 등기신청인이 다른 경우 ㉠ 채권자대위에 의한 등기 ㉡ 등기관의 직권에 의한 보존등기 ㉢ 승소한 등기의무자의 신청에 의한 등기 ③ 국가 또는 지방자치단체가 등기권리자인 경우
등기완료통지		등기관이 등기를 마쳤을 때에는 대법원규칙으로 정하는 바에 따라 신청인 등에게 그 사실을 알려야 한다.
	○	㉠ 등기신청인 ㉡ 승소한 등기의무자의 등기신청에 있어서 등기권리자 ㉢ 대위채권자의 등기신청에 있어서 등기권리자 ㉣ 직권보존등기에 있어서 등기명의인 ㉤ 등기필정보를 제공해야 하는 등기신청에서 등기필정보를 제공하지 않고 확인정보 등을 제공한 등기신청에 있어서 등기의무자 ㉥ 관공서의 등기촉탁에 있어서 그 관공서

296 행정구역 변경으로 인하여 등기관이 직권으로 주소변경등기를 한 경우에는 등기명의인에게 등기완료사실을 통지하지 아니한다.

> ※ 등기완료의 통지를 받을 자는 다음과 같다.
> 1. 신청 : 공동신청, 단독신청의 경우를 불문하고 모든 등기신청인에게 하여야 한다.
> 2. 신청인은 아니지만 등기완료통지를 받을 자는 다음과 같다.
> 3. 승소한 등기의무자의 등기신청에 있어서 등기권리자
> 4. 대위채권자의 등기신청에 있어서 등기권리자(피대위자)
> 5. 직권에 의한 소유권보존등기에 있어서 등기명의인
> 6. 관공서의 등기촉탁에 있어서 그 관공서
> ① 등기필정보(등기필증 포함)를 제공해야 하는 등기신청에서 등기필정보를 제공하지 않고 확인정보 등을 제공한 등기신청에 있어서 등기의무자

297 등기관의 결정 또는 처분이 부당하다고 하여 이의신청을 하는 경우에는 그 결정 또는 처분시에 주장되거나 제출되지 아니한 새로운 사실이나 새로운 증거방법으로써 이의 사유를 삼을 수 없다.

298 상속인이 아닌 자는 상속등기가 위법하다 하여 이의신청을 할 수 없다.

299 이의신청은 구술이 아닌 서면으로 하여야 하며, 그 기간에는 제한이 없다.

300 이의에는 집행정지의 효력이 없다.

301 등기신청의 각하결정에 대한 이의신청은 등기관의 각하결정이 부당하다는 사유로 족하다.

302 등기관은 이의가 이유 없다고 인정하면 이의신청일부터 3일 이내에 의견을 붙여 이의 신청서를 관할 지방법원에 보내야 한다.

303 건물에 대하여 국가를 상대로 한 소유권확인판결에 의해서 자기의 소유권을 증명하는 자는 소유권보존등기를 신청할 수 없다.

304 일부지분에 대한 소유권보존등기를 신청한 경우에는 그 등기신청은 각하되어야 한다.

305 토지에 관한 소유권보존등기의 경우, 당해 토지가 소유권보존등기 신청인의 소유임을 이유로 소유권보존등기의 말소를 명한 확정판결에 의해서 자기의 소유권을 증명하는 자는 소유권보존등기를 신청할 수 있다.

306 1동의 건물에 속하는 구분건물 중 일부만에 관하여 소유권보존등기를 신청하는 경우에는 나머지 구분건물의 표시에 관한 등기를 동시에 신청하여야 한다.

307 미등기 주택에 대하여 임차권등기명령에 의한 등기촉탁이 있는 경우에 등기관은 직권으로 소유권보존등기를 한 후 주택임차권등기를 하여야 한다.

308 보존등기에는 등기원인과 그 연월일을 기록하지 않는다.

309 군수의 확인에 의하여 미등기 토지가 자기의 소유임을 증명하는 자는 **보존등기를** 신청할 수 **없다.**

310 등기관이 미등기 부동산에 관하여 과세관청의 촉탁에 따라 **체납처분으로 인한 압류**등기를 하기 위해서는 **직권으로** 소유권보존등기를 할 수 **없다.**

311 미등기 토지에 관한 소유권보존등기는 **수용으로** 인하여 소유권을 취득하였음을 증명하는 자도 신청할 수 있다.

312 소유권보존등기를 신청하는 경우 신청인은 등기소에 **등기필정보를** 제공할 필요가 **없다.**

313 **구분소유적 공유관계에** 있는 1필의 토지를 특정된 부분대로 **단독소유하기** 위해서는 분필등기한 후 공유자 상호간에 명의신탁해지를 원인으로 하는 **지분이전등기를** 신청한다.

314 토지에 대한 **공유물분할약정으로** 인한 소유권이전등기는 공유자가 **공동으로** 신청할 수 있다.

315 등기된 공유물분할금지기간을 단축하는 약정에 관한 변경등기는 공유자 전원이 **공동**으로 신청하여야 한다.

316 부동산 공유자 중 1인의 지분 포기로 인한 소유권이전등기는 공유지분권을 포기하는 공유자와 다른 공유자가 **공동으로** 신청하여야 한다.

317 등기된 공유물분할금지기간약정을 갱신하는 경우, 이에 대한 변경등기는 공유자 전원이 공동으로 신청하여야 한다.

318 민법상 **조합의** 소유인 부동산을 등기할 경우, **조합원 전원의** 명의로 **합유등기를** 한다.

319 **합유등기를** 하는 경우, 합유자의 이름과 **합유라는** 뜻을 기록하고, 합유자의 지분은 기록하지 **않는다.**

320 **2인의 합유자 중 1인이 사망한 경우, 잔존 합유자는 그의 단독소유로 합유명의인 변경**등기신청을 할 수 있다.

321 합유자 중 1인이 다른 합유자 전원의 동의를 얻어 합유지분을 처분하는 경우, 지분이 전등기를 신청할 수 **없다.**

322 공유자 전원이 그 소유관계를 **합유**로 변경하는 경우, 변경계약을 등기원인으로 변경 등기를 신청해야 한다.

323 유증에 기한이 붙은 경우에는 그 기한이 도래한 날을 등기원인일자로 기록한다.

324 포괄유증은 수증자 명의의 등기가 없어도 유증의 효력이 발생하는 시점에 물권변동 의 **효력이** 발생한다.

325 유증으로 인한 소유권이전등기청구권보전의 **가등기**는 유언자가 생존 중인 경우에는 수리하여서는 안 **된다.**

326 유증으로 인한 소유권이전등기 신청이 상속인의 **유류분을** **침해**하는 내용이라 하더라 도 등기관은 이를 수리하여야 한다.

327 미등기부동산이 **특정유증**된 경우, 유언집행자는 상속인 명의의 **소유권보존등기**를 거쳐 유증으로 인한 소유권이전등기를 신청하여야 한다.

328 수용으로 인한 소유권이전등기는 토지수용위원회의 재결서를 등기원인증서로 첨부 하여 사업시행자가 **단독**으로 신청할 수 있다.

329 수용으로 인한 소유권이전등기신청서에 **등기원인은 토지수용**으로, 그 **연월일**은 수용 의 재결일이 아닌 '**수용개시일**'로 기재해야 한다.

330 수용으로 인한 등기신청에는 농지취득자격증명을 첨부할 필요가 **없다.**

331 등기권리자의 단독신청에 따라 수용으로 인한 소유권이전등기를 하는 경우, 등기관은 그 부동산을 위해 존재하는 지역권의 등기를 직권으로 말소해서는 안 **된다.**

332 수용으로 인한 소유권이전등기가 된 후 토지수용위원회의 재결이 **실효**된 경우, 그 소 유권이전등기의 말소등기는 원칙적으로 **공동신청**에 의한다.

333 진정명의회복을 원인으로 하는 소유권이전등기에 있어서 **판결을 받아 단독신청하는** 경우에는 **확정판결정본을** 등기원인정명정보로 **제공하여야 한다.**

334 진정명의회복을 원인으로 하는 소유권이전등기에 있어서 등기신청정보에 등기원인 일자를 기록할 필요가 없다.

335 진정명의회복을 원인으로 하는 소유권이전등기에 농지인 경우에도 농지취득자격증 명을 제공할 필요가 없다.

336 진정명의회복을 원인으로 하는 소유권이전등기에 토지거래허가대상인 토지의 경우 에도 토지거래허가증을 제공할 필요가 없다.

337 진정명의회복을 원인으로 하는 소유권이전등기에 등기의무자의 등기필정보를 제공 할 필요가 없다.

338 등기관이 환매특약의 등기를 할 때에는 매수인이 지급한 대금과 매매비용을 기록하 여야 한다.

339 신탁재산의 처분으로 수탁자가 얻은 부동산이 신탁재산에 속하게 된 경우, 수탁자가 단독으로 신탁등기를 신청할 수 있다.

340 수익자 또는 위탁자는 수탁자를 대위하여 신탁등기를 신청할 수 있다.

341 수탁자가 여러 명인 경우 등기관은 신탁재산이 합유인 뜻을 등기부에 기록하여야 한다.

342 등기관이 신탁등기를 할 때에는 신탁원부를 작성하여야 하는데, 이때의 신탁원부는 등기기록의 일부로 본다.

343 농지에 대하여 신탁법상 신탁을 등기원인으로 하여 소유권이전등기를 신청하는 경우, 신탁의 목적에 관계없이 농지취득자격증명을 첨부하여야 한다.

344 신탁등기시 수탁자가 甲과 乙인 경우, 등기관은 신탁재산이 甲과 乙의 합유인 뜻을 기록해야 한다.

345 등기관이 수탁자의 고유재산으로 된 뜻의 등기와 함께 신탁등기의 말소등기를 할 경우, 하나의 순위번호를 사용한다.

346 수탁자의 신탁등기신청은 해당 부동산에 관한 권리의 설정등기, 보존등기, 이전등기 또는 변경등기의 신청과 동시에 해야 한다.

347 신탁재산의 일부가 처분되어 권리이전등기와 함께 신탁등기의 변경등기를 할 경우, 하나의 순위번호를 사용한다.

348 신탁등기의 말소등기신청은 권리의 이전 또는 말소등기나 수탁자의 고유재산으로 된 뜻의 등기신청과 함께 1건의 신청정보로 일괄하여 해야 한다.

349 지상권설정등기를 할 때에는 지상권설정의 목적을 기록하여야 한다.

350 지역권설정등기를 할 때에는 지역권설정의 목적을 기록하여야 한다.

351 임차권설정등기를 할 때에 등기원인에 임차보증금이 있는 경우, 그 임차보증금은 등기사항이다.

352 지상권설정등기를 신청할 때에 그 범위가 토지의 일부인 경우, 그 부분을 표시한 도면을 첨부정보로서 등기소에 제공하여야 한다.

353 임차권설정등기를 신청할 때에는 차임을 신청정보의 내용으로 제공하여야 한다.

354 지상권의 이전등기에 토지소유자의 승낙은 필요 없다.

355 전세권의 존속기간을 연장하는 변경등기를 신청하는 경우, 후순위저당권자는 등기법상 이해관계인에 해당한다.

356 토지 전세권의 존속기간 만료 후에는 토지 전세권에 대한 저당권설정등기를 할 수 없다.

357 상가건물임대차보호법상 등기명령에 의한 임차권등기는 임대차 기간이 만료된 후에 하는 등기이므로 이에 기초하여 임차권이전등기는 할 수 없다.

358 시효완성을 이유로 통행지역권을 **취득하기** 위해서는 그 등기가 되어야 한다.

359 등기관이 승역지에 지역권설정의 등기를 하였을 때에는 **직권으로** 요역지의 등기기록에 순위번호, 등기목적, 승역지, 지역권설정의 목적, 범위, 등기연월일을 기록하여야 한다.

360 임대차 차임지급시기에 관한 약정이 있는 경우, 임차권 등기에 이를 기록하지 않더라도 임차권 등기는 유효하다.

361 1필 토지의 **일부**에 대해 **지상권**설정등기를 신청하는 경우, 그 일부를 표시한 **지적도**를 첨부정보로서 등기소에 **제공**하여야 한다.

362 전세금반환채권의 일부 양도를 원인으로 하는 전세권 일부이전등기의 신청은 전세권 소멸의 증명이 없는 한, 전세권 존속기간 만료 전에는 할 수 없다.

363 공동저당설정등기를 신청하는 경우, 각 부동산에 관한 권리의 표시를 신청정보의 내용으로 등기소에 제공하여야 한다.

364 저당의 목적이 되는 **부동산이 5개 이상**인 경우, 등기관은 공동담보목록을 작성하여야 한다.

365 금전채권이 아닌 채권을 담보하기 위한 저당권설정등기를 할 수 있다.

366 **대지권**이 등기된 **구분건물**의 등기기록에는 건물만을 목적으로 하는 **저당권설정등기**를 하지 **못한다.**

367 저당권부 채권에 대한 질권을 등기할 수 있다.

368 일정한 금액을 목적으로 하지 않는 채권을 담보하기 위한 저당권설정등기를 신청하는 경우, 그 채권의 평가액을 신청정보의 내용으로 등기소에 제공하여야 한다.

369 저당권의 이전등기를 신청하는 경우, 저당권이 채권과 함께 이전한다는 뜻을 신청정보의 내용으로 등기소에 제공하여야 한다.

370 채무자와 저당권설정자가 동일한 경우에도 등기기록에 **채무자를 표시하여야** 한다.

371 피담보채권의 일부양도를 이유로 **저당권의 일부이전등기를** 하는 경우, 등기관은 그 **양도액도 기록하여야** 한다.

372 근저당권등기에 있어서 존속기간의 약정이 있는 경우에는 그 존속기간은 등기사항이다.

373 보통의 저당권에 있어서 변제기는 약정이 있는 경우에는 등기사항이지만, 근저당권에 있어서 **변제기는 등기사항이 아니다.**

374 근저당권에 있어서 지연배상액은 채권최고액에 포함되어 채권최고액 범위 내에서 당연히 담보되며, 별도로 등기할 수 없다.

375 근저당권설정등기에 있어서 채권최고액은 반드시 단일하게 제공하여야 하고, **채권자 또는 채무자가 수인일지라도 각 채권자 또는 채무자별로 채권액을 구분하여 제공할 수 없다.**

376 채권자가 등기절차에 협력하지 아니한 채무자를 피고로 하여 등기절차의 이행을 명하는 확정판결을 받은 경우, 채권자는 **단독**으로 근저당권설정등기를 신청할 수 있다.

377 일정한 금액을 목적으로 하지 않는 채권을 담보하기 위한 저당권설정등기도 가능하다. 다만 이 경우에는 등기를 신청할 때에 그 채권의 평가액을 제공하여야 한다.

378 **채권최고액은 반드시 단일하게 제공하여야** 하고, 채권자 또는 채무자가 수인일지라도 각 채권자 또는 채무자별로 채권액을 구분하여 제공할 수 없다.

379 채권의 일부에 대한 대위변제로 인한 저당권 일부이전등기가 가능하다. 다만, 대위변제로 인한 저당권의 일부이전등기를 신청하는 경우에는 대위변제의 목적인 채권액을 신청정보의 내용으로 등기소에 제공하여야 한다.

380 근저당권이전등기를 신청할 경우, 근저당권설정자(근저당권설정자가 물상보증인인 경우를 포함)의 승낙을 증명하는 정보는 등기소에 제공할 필요가 없다.

381 행정구역 명칭의 변경이 있을 때에는 등기관이 직권으로 변경등기를 하여야 한다.

382 건물의 면적이 변경된 경우에는 주등기의 방법에 의하여 변경등기를 한다.

383 등기명의인표시의 변경등기는 등기명의인이 단독으로 신청한다.

384 건물의 구조가 변경되어 변경등기를 하는 경우에는 종전사항을 말소하는 표시를 한다.

385 등기부 표제부의 등기사항인 표시번호는 등기부 갑구(甲區), 을구(乙區)의 필수적 등기사항이 아니다.

386 등기부 갑구(甲區)의 등기사항 중 권리자가 2인 이상인 경우에는 권리자별 지분을 기록하여야 하고, 등기할 권리가 합유인 경우에는 그 뜻을 기록하여야 한다.

387 권리의 변경등기는 등기상 이해관계가 있는 제3자의 승낙이 없는 경우에는 주등기로 하여야 한다.

388 등기의무자의 소재불명으로 공동신청할 수 없을 때 등기권리자는 민사소송법에 따라 공시최고를 신청할 수 있고, 이에 따라 제권판결이 있으면 등기권리자는 그 사실을 증명하여 단독으로 등기말소를 신청할 수 있다.

389 등기관이 토지소유권의 등기명의인 표시변경등기를 하였을 때에는 지체 없이 그 사실을 지적소관청에 알려야 한다.

390 부동산의 표시에 관한 경정등기에서는 등기상 이해관계 있는 제3자의 승낙의 유무가 문제될 여지가 없다.

391 소유권이 이전된 후에는 종전 소유권에 대한 등기명의인의 표시경정등기를 할 수 없다.

392 등기사항의 일부가 부적법하게 된 경우에는 일부말소 의미의 경정등기를 할 수 있다.

393 법인 아닌 사단이 법인화된 경우에는 등기명의인을 법인으로 경정하는 등기를 신청할 수 없고, 소유권이전등기를 하여야 한다.

394 법정상속분에 따라 **상속등기**를 마친 후에 공동상속인 중 1인에게 재산을 취득케 하는 상속재산분할협의를 한 경우에는 **소유권경정등기**를 한다.

395 등기를 신청한 권리가 실체법상 허용되지 않는 것임에도 불구하고 등기관의 착오로 등기가 완료된 때에는 등기관은 **직권**으로 등기를 말소한다.

396 권리의 말소등기는 공동으로 신청하는 것이 원칙이다.

397 말소할 권리가 전세권 또는 저당권인 경우에 **제권판결**에 의하여 등기권리자가 단독으로 말소등기를 신청할 수 있다.

398 선순위 소유권말소시 **후순위 소유권자**는 무권리자로부터 소유권을 취득한 자로 당연히 먼저 말소되어야 할 권리자이지 **이해관계인이 아니다.**

399 가등기 이후에 된 근저당권설정등기를 말소하는 때에는 등기관은 등기명의인에게 직권말소를 하겠다는 통지를 한 후 소정의 기간을 기다릴 필요 없이 지체 없이 직권으로 말소한다.

400 말소되는 등기의 종류에는 제한이 없으며, 말소등기의 말소등기는 허용되지 않는다.

401 말소등기는 기존의 등기가 원시적 또는 후발적인 원인에 의하여 등기사항 전부가 부적법할 것을 요건으로 한다.

402 농지를 목적으로 하는 전세권설정등기가 실행된 경우, 등기관은 이를 직권으로 말소할 수 있다.

403 피담보채무의 소멸을 이유로 근저당권설정등기가 말소되는 경우, 채무자를 추가한 근저당권 변경의 부기등기는 직권으로 말소된다.

404 말소등기신청의 경우에 '등기상 이해관계 있는 제3자'란 등기의 말소로 인하여 손해를 입을 우려가 있다는 것이 등기기록에 의하여 **형식적으로** 인정되는 자를 말한다.

405 말소등기에 있어서 **등기상 이해관계가 있는 제3자란** 말소등기가 되면 손해를 입을 우려가 있는 사람으로서 그 **손해를 입을 우려가 있다는** 것이 기존의 **등기기록에** 의하여 형식적으로 **인정되는** 자를 의미한다.

406 소유권이전등기절차 중 하자가 있다 하여도 현재의 등기부상 명의인에 대한 소유권 취득이 정당한 것인 경우에는 그 등기는 실체에 부합한 것으로서 유효하다.

407 말소회복등기와 양립할 수 없는 등기의 등기명의인은 부동산등기법상에서의 등기상 이해관계 있는 제3자에 해당하지 않는다.

408 말소회복등기의 이해관계인의 **판단시기는** 말소등기시를 기준으로 하는 것이 아니라 **회복등기시를** 기준으로 한다.

409 복수의 권리자가 소유권이전등기청구권을 보존하기 위하여 **가등기를** 마쳐 둔 경우, 특별한 사정이 없는 한 그 권리자 중 **한** 사람은 자신의 지분에 관하여 단독으로 그 가등기에 기한 **본등기를** 청구할 수 있다.

410 소유권이전등기절차이행을 명하는 확정판결에 기하여 소유권이전등기 신청을 하였으나 등기관의 착오로 인하여 그 일부 토지에 관하여 소유권이전등기가 경료되지 아니하였다면 소정의 경정등기절차에 의하여 이를 경정할 수 있다.

411 전부말소회복등기는 주등기로, 일부말소회복등기는 부기등기로 한다.

412 부기등기하는 경우

> ① 등기명의인이 개명(改名)한 경우에 하는 변경등기
> ② 공유물(共有物)을 분할하지 않기로 하는 약정의 등기
> ③ 지상권의 이전등기
> ④ 전세권을 목적으로 하는 저당권의 설정등기
> ⑤ 저당권 이전등기
> ⑥ 전전세권 설정등기
> ⑦ 지상권을 목적으로 하는 저당권설정등기
> ⑧ 소유권 외의 권리에 대한 처분제한의 등기

413 가등기권리자는 가등기의무자의 승낙이 있는 경우에 단독으로 가등기를 신청할 수 있다.

414 가등기명의인은 단독으로 가등기의 말소를 신청할 수 있다.

415 가등기의무자는 가등기명의인의 승낙을 받아 단독으로 가등기의 말소를 신청할 수 있다.

416 부동산소유권이전의 청구권이 정지조건부인 경우에 그 청구권을 보전하기 위해 가등기를 할 수 있다.

417 가등기를 명하는 가처분명령은 부동산소재지를 관할하는 지방법원이 할 수 있다.

418 가등기에 관해 등기상 이해관계 있는 자가 가등기명의인의 승낙을 받은 경우, 단독으로 가등기의 말소를 신청할 수 있다.

419 청구권보전을 위한 가등기는 등기할 수 있는 권리의 설정·이전·변경·소멸의 청구권을 보전하려는 경우, 그 청구권이 시기부 또는 정지조건부일 경우나 그 밖에 장래에 확정될 것인 경우에 신청할 수 있다.

420 가등기권리자는 가등기의무자의 승낙이 있거나 가등기를 명하는 법원의 가처분명령이 있을 때에는 단독으로 가등기를 신청할 수 있다.

421 가등기를 신청하는 경우에는 그 가등기로 보전하려고 하는 권리를 신청정보의 내용으로 등기소에 제공하여야 한다.

422 가등기된 권리의 이전등기가 제3자에게 마쳐진 경우 그 제3자가 본등기의 권리자이다.

423 가등기 후 본등기의 신청이 있는 경우, 가등기의 순위번호를 사용하여 본등기를 하여야 한다.

424 소유권이전등기청구권보전 가등기에 의한 본등기를 한 경우, 등기관은 그 가등기 후 본등기 전에 마친 당해 가등기를 목적으로 하는 등기 즉, 가등기에 가압류, 가처분등기가 되어 있는 경우에는 직권말소 하지 않는다.

425 임차권설정등기청구권보전 가등기에 의한 본등기를 마친 경우, 등기관은 가등기 후 본등기 전에 가등기와 동일한 부분에 마친 부동산용익권 등기를 직권말소한다.

426 저당권설정등기청구권보전 가등기에 의한 본등기를 한 경우, 등기관은 가등기 후 본 등기 전에 마친 제3자 명의의 부동산용익권 등기를 직권말소할 수 없다.

427 매매예약완결권의 행사로 소유권이전청구권이 장래에 확정되게 될 경우, 이 청구권을 미리 보전하기 위한 가등기를 할 수 있다.

428 물권적 청구권을 보전하기 위한 가등기를 할 수 없다.

429 가등기에 의하여 보전된 소유권이전청구권을 양도한 경우, 그 청구권의 이전등기는 가등기에 대한 부기등기로 한다.

430 甲이 乙소유 토지에 대한 소유권이전청구권을 보전하기 위하여 가등기를 한 후 乙이 그 토지를 丙에게 양도한 경우, 甲의 본등기청구의 상대방은 乙이다.

431 지상권설정청구권을 보전하기 위한 가등기는 을구에 한다.

432 부동산임차권의 이전청구권을 보전하기 위한 가등기는 허용된다.

433 가등기에 기한 본등기를 금지하는 취지의 가처분등기는 할 수 없다.

434 가등기의무자도 가등기명의인의 승낙을 받아 단독으로 가등기의 말소를 청구할 수 있다.

435 사인증여로 인하여 발생한 소유권이전등기청구권을 보전하기 위한 가등기는 할 수 있다.

436 甲이 자신의 토지에 대해 乙에게 저당권설정청구권 보전을 위한 가등기를 해준 뒤 丙에게 그 토지에 대해 소유권이전등기를 했더라도 가등기에 기한 본등기 신청의 등기의무자는 甲이다.

437 소유권보존등기를 위한 가등기는 할 수 없다.

438 소유권이전청구권이 장래에 확정될 것인 경우, 가등기를 할 수 있다.

439 물권적청구권에 대하여는 가등기를 할 수 없다.

440 가등기권리자가 여럿인 경우, 전원이 본등기를 신청하거나, 일부가 자기지분에 대해서 본등기를 신청할 수 있어도, 일부가 전원명의로 본등기를 할 수 없다.

441 가등기권리자가 가등기에 의한 본등기로 소유권이전등기를 하지 않고 별도의 소유권이전등기를 한 경우, 그 가등기 후에 본등기와 저촉되는 중간등기가 없다면 가등기에 의한 본등기를 할 수 없다.

442 관공서가 등기촉탁을 하는 경우에는 등기기록과 대장상의 부동산의 표시가 부합하지 아니하더라도 그 등기촉탁을 수리하여야 한다.

443 관공서가 등기를 촉탁하는 경우 우편에 의한 등기촉탁도 할 수 있다.

444 등기의무자인 관공서가 등기권리자의 청구에 의하여 등기를 촉탁하는 경우, 등기의무자의 권리에 관한 등기필정보를 제공할 필요가 없다.

445 등기권리자인 관공서가 부동산 거래의 주체로서 등기를 촉탁할 수 있는 경우라도 등기의무자와 공동으로 등기를 신청할 수 있다.

446 촉탁에 따른 등기절차는 법률에 다른 규정이 없는 경우에는 신청에 따른 등기에 관한 규정을 준용한다.

447 부동산의 공유지분에 대해서도 가압류등기가 가능하다.

448 소유권에 대한 가압류등기는 주등기로 한다.

449 처분금지가처분등기가 되어 있는 토지에 대하여도 지상권설정등기를 신청할 수 있다.

450 가압류등기의 말소등기는 원칙적으로 법원이 촉탁한다.

451 부동산에 대한 처분금지가처분등기의 경우, 등기청구권을 피보전권리로 기록한다.

452 처분금지가처분등기가 된 후, 가처분채무자를 등기의무자로 하여 소유권이전등기를 신청하는 가처분채권자는 그 가처분등기 전에 마쳐진 등기는 말소신청을 할 수 없다.

453 가처분채권자가 가처분등기 후의 등기말소를 신청할 때에는 "가처분에 의한 실효"를 등기원인으로 하여야 한다.

454 가처분채권자의 말소신청에 따라 가처분등기 후의 등기를 말소하는 등기관은 그 가처분등기도 직권말소하여야 한다.

예상문제
100선

02 예상문제 100선

공간정보 구축 및 관리 등에 관한 법

001 공간정보의 구축 및 관리 등에 관한 법령상 토지의 조사·등록에 관한 설명으로 틀린 것은?

① 국토교통부장관은 모든 토지에 대하여 필지별로 소재·지번·지목·면적·경계 또는 좌표 등을 조사·측량하여 지적공부에 등록하여야 한다.

② 지적공부에 등록하는 지번·지목·면적·경계 또는 좌표는 토지의 이동이 있을 때 토지소유자의 신청을 받아 지적소관청이 결정한다.

③ 지적소관청은 토지의 이동현황을 직권으로 조사·측량하여 토지의 지번·지목·면적·경계 또는 좌표를 결정하려는 때에는 토지이동현황 조사계획을 수립하여 시·도지사 또는 대도시 시장의 승인을 받아야 한다.

④ 지적소관청은 토지이동현황 조사계획에 따라 토지의 이동현황을 조사한 때에는 토지이동 조사부에 토지의 이동현황을 적어야 한다.

⑤ 지적소관청은 토지이동현황 조사결과에 따라 토지의 지번·지목·면적·경계 또는 좌표를 결정한 때에는 이에 따라 지적공부를 정리하여야 한다.

정답 ③

002 공간정보의 구축 및 관리 등에 관한 법령상 용어에 관한 설명으로 틀린 것은?

① '토지의 표시'라 함은 지적공부에 토지의 소재·지번·지목·면적·경계 또는 좌표를 등록한 것을 말한다.

② '지번부여지역'이라 함은 지번을 부여하는 단위지역으로서 동·리 또는 이에 준하는 지역을 말한다.

③ '지목'이라 함은 토지의 지형에 따라 토지의 종류를 구분하여 지적공부에 등록한 것을 말한다.

④ '경계점'이라 함은 지적공부에 등록하는 필지를 구획하는 선의 굴곡점과 경계점좌표등록부에 등록하는 평면직각종횡선수치의 교차점을 말한다.

⑤ '토지의 이동'이라 함은 토지의 표시를 새로이 정하거나 변경 또는 말소하는 것을 말한다.

정답 ③

003 **공간정보의 구축 및 관리 등에 관한 법령상 용어의 정의 중 옳은 것은?**

① "지적소관청"이라 함은 지적공부를 관리하는 지방자치단체인 시·군·구를 말한다.

② "지목"이라 함은 토지의 주된 형상에 따라 토지의 종류를 구분하여 지적공부에 등록한 것을 말한다.

③ "축척변경"이라 함은 지적도에 등록된 경계점의 정밀도를 높이기 위하여 작은 축척을 큰축척으로 변경하여 등록하는 것을 말한다.

④ "토지의 표시"라 함은 지적공부에 토지의 소재, 지번, 소유자, 면적, 경계 또는 좌표를 등록한 것을 말한다.

⑤ "좌표"라 함은 지적측량기준점 또는 경계점의 위치를 경위도좌표로 표시한 것을 말한다.

정답 ③

004 **지적제도와 등기제도의 특성을 비교한 것 중 틀린 것은?**

① 지적은 토지에 대한 사실관계를 공시하고, 등기는 권리관계를 공시한다.

② 등록객체는 지적과 등기 모두 토지만을 담당한다.

③ 등록방법으로 지적은 직권등록주의와 단독신청주의를 취하는데, 등기는 당사자신청주의와 공동신청 주의를 취한다.

④ 심사방법으로 지적은 실질적 심사주의를 취하는데, 등기는 형식적 심사주의를 취한다.

⑤ 지적의 담당기관은 행정부인데, 등기는 사법부이다.

정답 ②

005 **다음은 토지의 등록단위인 필지에 관한 설명으로 틀린 것은?**

① 지번부여지역이란 지번을 부여하는 단위지역으로서 동·리 또는 이에 준하는 지역을 말한다. 이때의 동리는 법정동과 리를 말한다.

② 1필지는 하나의 소유권이 미치는 범위로 구획되므로 소유자가 각각 다른 경우에는 1필지로 확정할 수 없다.

③ 1필지로 등록할 토지의 축척이 서로 다른 축척으로 도면에 등록되어 있을 경우 인위적으로 1필지로 확정할 수 없다.

④ 1필지가 되는 요건을 갖춘 경우 예외적으로 지목이 다른 일정한 경우에는 별개의 필지로 확정되지 않고 주된 지목의 토지에 편입하여 1필지로 할 수 있는데, 이와 같이 주된 용도의 토지에 편입되어 1필지로 확정되는 종된 토지를 양입지라 한다.

⑤ 종된 용도의 토지 지목이 '대(垈)'인 경우에도 양입 할 수 있다.

정답 ⑤

006 공간정보의 구축 및 관리 등에 관한 법령상 지번의 구성 및 부여방법에 대한 설명으로 옳은 것은?

① 지번은 지적소관청이 지번부여지역별로 남동에서 북서로 순차적으로 부여한다.

② 지번은 아라비아숫자로 표기하되, 임야대장 및 임야도에 등록하는 토지의 지번은 숫자 앞에 "임"자를 붙인다.

③ 지번은 본번과 부번으로 구성하되, 본번과 부번 사이에 "-"또는 "의"로 표시한다.

④ 분할의 경우에는 분할 후의 필지 중 1필지 지번은 분할 전의 지번으로 하고, 나머지 필지의 지번은 본번의 최종 부번의 다음 순번으로 부번을 부여한다.

⑤ 합병의 경우에는 원칙적으로 합번대상 지번 중 후순위의 지번을 그 지번으로 하되, 본번으로 된 지번이 있는 때에는 본번 중 선수위의 지번을 합병 후의 지번으로 한다.

정답 ④

007 다음은 지번에 관한 설명으로 틀린 것은?

① 지번이란 필지에 부여하여 지적공부에 등록한 번호를 말하는데, 이는 별개의 토지로 획정된 필지를 구별하여 특정할 수 있도록 개개의 필지마다 부여하는 숫자이다.

② 지번은 아라비아숫자로 표기하되, 임야대장 및 임야도에 등록하는 토지의 지번은 숫자 뒤에 "산"자를 붙인다.

③ 지번은 본번과 부번으로 구성하되, 본번과 부번 사이에 "-"표시로 연결한다. 이 경우 "-"표시는 "의"라고 읽는다.

④ 지번은 지적소관청이 지번부여지역별로 차례대로 북서에서 남동으로 순차적으로 부여한다.

⑤ 신규등록의 경우에는 그 지번부여지역에서 인접토지의 본번에 부번을 붙여서 지번을 부여함이 원칙이다.

정답 ②

008 다음은 지적확정측량을 실시한 지역의 각 필지에 지번부여방법에 관한 설명으로 틀린 것은?

① 도시개발사업 등이 완료됨에 따라 지적확정측량을 실시한 지역의 각 필지에 지번을 새로 부여하는 경우에는 원칙적으로 부번으로 부여한다.

② 부여할 수 있는 종전 지번의 수가 새로 부여할 지번의 수보다 적을 때에는 블록 단위로 하나의 본번을 부여한 후 필지별로 부번을 부여할 수 있다.

③ 부여할 수 있는 종전 지번의 수가 새로 부여할 지번의 수보다 적을 때에 그 지번부여지역의 최종 본번 다음 순번부터 본번으로 하여 차례로 지번을 부여할 수 있다.

④ 지적확정측량을 실시한 지역의 종전의 지번과 지적확정측량을 실시한 지역 밖에 있는 본번이 같은 지번이 있을 때에는 그 지번을 제외한 본번으로 부여한다.

⑤ 지적확정측량을 실시한 지역의 경계에 걸쳐 있는 지번은 제외하고 본번으로 부여한다.

정답 ①

009 지번의 변경에 관한 설명으로 틀린 것은?

① 지번부여지역 내의 일부 또는 전부의 지번이 순차적으로 설정되어 있지 아니한 때에 한다.

② 토지소유자의 이의가 없어야 한다.

③ 시·도지사의 승인을 얻어야 한다.

④ 지적확정측량을 실시한 지역의 지번부여 방법이 준용된다.

⑤ 지번을 다시 정하는 것을 의미한다.

정답 ②

010 다음 중 결번이 발생하지 않는 경우는?

① 행정구역변경　　② 도시개발사업
③ 토지 분할　　④ 지번변경
⑤ 축척변경

정답 ③

011 지목의 설정에 대한 다음의 설명 중 틀린 것은?

① 실외에 기능교육장을 갖춘 자동차운전학원의 부지는 "잡종지"로 한다.

② 경부고속철도와 접속하여 민간자본으로 건축된 역사(驛舍)의 부지는 "대"로 한다.

③ 일반공중의 위락·휴양 등에 적합한 시설물을 종합적으로 갖춘 어린이놀이터는 "유원지"로 한다.

④ 주차장법 제19조 제4항의 규정에 의하여 시설물의 부지 인근에 설치된 부설주차장은 "주차장"으로 한다.

⑤ 육상에 수상생물 양식을 위하여 인공적으로 설치한 시설물의 부지는 "양어장"으로 한다.

정답 ②

012 공간정보의 구축 및 관리 등에 관한 법령상 지목의 구분에 관한 설명으로 옳은 것은?

① 물을 정수하여 공급하기 위한 취수·저수·도수(導水)·정수·송수 및 배수 시설의 부지 및 이에 접속된 부속시설물의 부지 지목은 "수도용지"로 한다.

② 「산업집적활성화 및 공장설립에 관한 법률」등 관계 법령에 따른 공장부지 조성공사가 준공된 토지의 지목은 "공장용지"로 한다.

③ 물이 고이거나 상시적으로 물을 저장하고 있는 댐·저수지·소류지(沼溜地) 등의 토지와 연·왕골 등이 자생하는 토지의 지목은 "유지"로 한다.

④ 물을 상시적으로 이용하지 않고 곡물·원예작물(과수류 포함) 등의 식물을 주로 재배하는 토지와 죽림지의 지목은 "전"으로 한다.

⑤ 학교용지·공원 등 다른 지목으로 된 토지에 있는 유적·고적·기념물 등을 보호하기 위하여 구획된 토지의 지목은 "사적지"로 한다.

정답 ①

013 지적공부에 등록하는 지목에 대한 설명 중 틀린 것은?

① 지목의 설정방법은 지목법정주의, 일필일지목의 원칙, 주용도추종의 원칙, 등록선후의 원칙, 일시적 또는 임시적 용도불변의 원칙 등을 적용한다.

② 토지조사사업 당시 최초 지목은 18개로 구분하였으며, 현행 법정지목은 28개로 구분한다.

③ 지목은 토성지목, 지형지목, 용도지목으로 분류되며, 우리나라 법정지목은 토지의 주된 용도에 따른 용도지목이다.

④ 소방관계법규에 의거 설치된 위험물이동탱크 저장시설부지의 지목은 주유소용지이다.

⑤ 종교단체 법인설립허가 여부와 관계없이 종교집회장이나 수도장을 건축하여 사용·승인된 경우의 지목은 종교용지이다.

정답 ④

014 다음 지적도면에 표기된 지목의 부호에 관한 설명으로 틀린 것은?

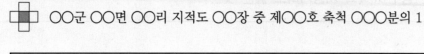

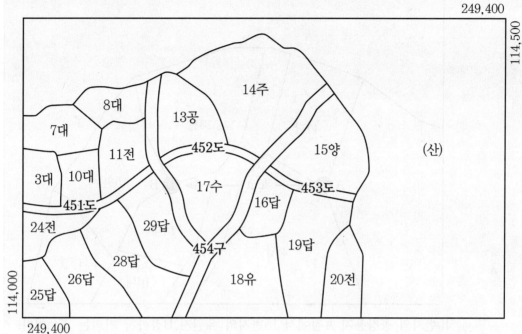

① 지번 13의 지목은 "공원"이다.
② 지번 14의 지목은 "주차장"이다.
③ 지번 15의 지목은 "양어장"이다.
④ 지번 17의 지목은 "수도용지"이다.
⑤ 지번 18의 지목은 "유지"이다.

정답 ②

015 축척 1/1200인 아래 지적 도면에서 10번지의 A점과 15번지 B점의 도면상 직선거리가 3cm인 경우 지목과 지상거리로 옳은 것은?

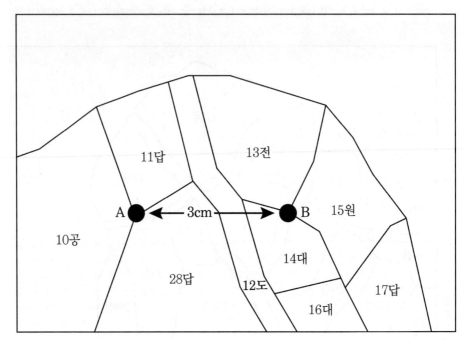

① 10번지의 공장용지 A점에서 15번지의 유원지 B점까지 거리는 36m이다.
② 10번지의 공장용지 A점에서 15번지의 공원 B점까지의 거리는 360m이다.
③ 10번지의 공원 A점에서 15번지의 공장용지 B점까지 거리는 360m이다.
④ 10번지의 공원 A점에서 15번지의 유원지 B점까지 거리는 360m이다.
⑤ 10번지의 공원 A점에서 15번지의 유원지 B점까지 거리는 36m이다.

정답 ⑤

016 분할에 따른 지상경계는 지상건축물을 걸리게 결정해서는 아니 됨이 원칙이나, 예외적으로 지상건축물을 걸리게 결정할 수 있다. 이에 해당하지 않는 경우는?

① 법원의 확정판결이 있는 경우
② 공공사업 등에 따라 학교용지·도로·철도용지·제방·하천·구거·유지·수도용지 등의 지목으로 되는 토지인 경우에 해당 사업의 시행자가 토지를 취득하기 위하여 분할하려는 경우
③ 「도시개발법」에 따른 도시개발사업, 「농어촌정비법」에 따른 농어촌정비사업, 그 밖에 대통령령으로 정하는 토지개발사업의 사업시행자가 사업지구의 경계를 결정하기 위하여 토지를 분할하려는 경우
④ 「국토의 계획 및 이용에 관한 법률」에 따른 도시관리계획 결정고시와 지형도면 고시가 된 지역의 도시관리계획선에 따라 토지를 분할하려는 경우
⑤ 소유권이전, 매매 등을 위하여 필요한 경우

정답 ⑤

017 토지에 대한 지상경계를 새로이 결정하고자 하는 경우의 기준으로 틀린 것은? (단, 지상경계의 구획을 형성하는 구조물 등의 소유자가 다른 경우는 제외)

① 연접되는 토지사이에 고저가 없는 경우에는 그 구조물 등의 중앙

② 연접되는 토지사이에 고저가 있는 경우에는 그 구조물 등의 하단부

③ 공유수면매립지의 토지 중 제방 등을 토지에 편입하여 등록하는 경우에는 안쪽 하단 부분

④ 토지가 해면 또는 수면에 접하는 경우에는 최대만조위 또는 최대만수위가 되는 선

⑤ 도로·구거 등의 토지에 절토된 부분이 있는 경우에는 그 경사면의 상단부

정답 ③

018 면적에 관한 설명 중 틀린 것은?

① '면적'이란 지적공부에 등록한 필지의 수평면상의 넓이를 의미하기 때문에 경사를 이루고 있는 토지는 실제 지표상의 면적이 지적공부에 등록된 면적보다 넓게 된다.

② 면적의 단위는 제곱미터로 하기 때문에 지적공부에 등록하는 토지의 면적은 과거의 척관법상의 평이나 보를 쓰지 못하고 미터단위인 m^2를 사용하게 된다.

③ 경계복원측량과 지적현황측량을 하는 경우에는 원칙적으로 필지마다 면적을 측정하지 아니한다.

④ 토지를 합병하는 경우에는 면적 측정이 필요하다.

⑤ 지적공부의 복구·신규등록·등록전환·분할 및 축척변경을 하는 경우에는 면적을 측정한다.

정답 ④

019 축척 500분의 1인 지적도에 신규등록할 토지의 면적 측정결과 330.55m^2가 산출되었다. 이 경우 토지대장에 등록할 면적은?

① 330m^2 ② 331m^2

③ 330.6m^2 ④ 330.55m^2

⑤ 330.5m^2

정답 ③

020 경계점좌표등록부의 토지면적 측정결과 430.55m^2가 산출되었다. 이 경우 토지대장에 등록할 면적은?

① 430.6m^2 ② 430m^2

③ 431m^2 ④ 430.5m^2

⑤ 430.55m^2

정답 ①

021 공간정보의 구축 및 관리 등에 관한 법령상 지적공부와 등록사항의 연결이 틀린 것은?

① 토지대장 - 토지의 소재, 토지의 고유번호

② 임야대장 - 지번, 개별공시지가와 그 기준일

③ 지적도 - 경계, 건축물 및 구조물 등의 위치

④ 공유지연명부 - 소유권 지분, 전유부분의 건물표시

⑤ 대지권등록부 - 대지권 비율, 건물의 명칭

정답 ④

022 공간정보의 구축 및 관리 등에 관한 법령상 지적공부와 등록사항의 연결이 옳은 것은?

① 토지대장 - 경계와 면적

② 임야대장 - 건축물 및 구조물 등의 위치

③ 공유지연명부 - 소유권 지분과 토지의 이동사유

④ 대지권등록부 - 대지권 비율과 지목

⑤ 토지대장·임야대장·공유지연명부·대지권등록부 - 토지소유자가 변경된 날과 그 원인

정답 ⑤

023 공유지연명부의 등록사항이 아닌 것은?

① 소유권 지분

② 토지의 소재

③ 대지권 비율

④ 토지의 고유번호

⑤ 토지소유자가 변경된 날과 그 원인

정답 ③

024 대지권등록부의 등록사항으로만 나열된 것은?

① 토지의 소재·지번·지목, 전유부분의 건물표시

② 대지권 비율, 소유권 지분, 건물명칭, 개별공시지가

③ 집합건물별 대지권등록부의 장번호, 토지의 이동사유, 대지권 비율, 지번

④ 건물명칭, 대지권 비율, 소유권 지분, 토지의 고유번호

⑤ 지번, 대지권 비율, 소유권 지분, 도면번호

정답 ④

025 지적도 및 임야도의 등록사항만으로 나열된 것은?

① 토지의 소재, 지번, 건축물의 번호, 삼각점 및 지적기준점의 위치, 면적

② 지번, 경계, 건축물 및 구조물 등의 위치, 삼각점 및 지적기준점의 위치

③ 토지의 소재, 지번, 토지의 고유번호, 삼각점 및 지적기준점의 위치

④ 지목, 부호 및 부호도, 도곽선과 그 수치, 토지의 고유번호

⑤ 지목, 도곽선과 그 수치, 토지의 고유번호, 건축물 및 구조물 등의 위치

정답 ②

026 지적공부의 열람 및 등본교부 등에 관한 설명으로 틀린 것은?

① 지적공부를 열람하거나 그 등본을 교부받고자 하는 자는 지적공부열람 · 등본교부 신청서를 지적소관청에 제출하여야 한다.

② 지적공부를 열람하거나 그 등본을 교부받고자 하는 자는 열람 및 등본교부 수수료를 그 지방자치단체의 수입인지로 지적소관청에 납부하여야 한다.

③ 지적측량업무에 종사하는 지적기술자가 그 업무와 관련하여 지적공부를 열람하는 경우 그 수수료를 면제한다.

④ 국토교통부장관은 정보통신망을 이용하여 전자화폐 · 전자결제 등의 방법으로 지적공부의 열람 및 등본교부 수수료를 납부하게 할 수 있다.

⑤ 정보처리시스템을 통하여 기록 · 저장된 지적공부(지적도 및 임야도는 제외한다)를 열람하거나 그 등본을 발급받으려는 경우에는 특별자치시장, 시장 · 군수 또는 구청장이나 읍 · 면 · 동의 장에게 신청할 수 있다.

정답 ②

027 지적공부의 효율적인 관리 및 활용을 위하여 지적정보 전담 관리기구를 설치 · 운영하는 자는?

① 읍 · 면 · 동장   ② 지적소관청

③ 시 · 도지사   ④ 행정안전부장관

⑤ 국토교통부장관

정답 ⑤

028 부동산종합공부에 대한 설명으로 틀린 것은?

① 지적소관청은 부동산의 효율적 이용과 부동산과 관련된 장부의 종합적 관리·운영을 위하여 부동산종합공부를 관리·운영한다.

② 지적소관청은 부동산종합공부를 영구히 보존하여야 하며, 멸실 또는 훼손에 대비하여 이를 별도로 복제하여 관리하는 정보관리체계를 구축하여야 한다.

③ 지적소관청은 부동산종합공부의 불일치 등록사항에 대하여는 등록사항을 정정하고, 등록사항을 관리하는 기관의 장에게 그 내용을 통지하여야 한다.

④ 지적소관청은 부동산종합공부의 정확한 등록 및 관리를 위하여 필요한 경우에는 부동산종합공부의 등록사항을 관리하는 기관의 장에게 관련 자료의 제출을 요구할 수 있다.

⑤ 부동산종합공부의 등록사항을 관리하는 기관의 장은 지적소관청에 상시적으로 관련 정보를 제공하여야 한다.

정답 ③

029 공간정보의 구축 및 관리 등에 관한 법령상 부동산종합공부에 관한 설명으로 틀린 것은?

① 부동산종합공부를 열람하거나 부동산종합공부 기록사항의 전부 또는 일부에 관한 증명서를 발급받으려는 자는 지적소관청이나 읍·면·동의 장에게 신청할 수 있다.

② 지적소관청은 부동산종합공부의 등록사항정정을 위하여 등록사항 상호 간에 일치하지 아니하는 사항을 확인 및 관리하여야 한다.

③ 토지소유자는 부동산종합공부의 토지의 표시에 관한 사항(「공간정보의 구축 및 관리 등에 관한 법률」에 따른 지적공부의 내용)의 등록사항에 잘못이 있음을 발견하면 지적소관청이나 읍·면·동의 장에게 그 정정을 신청할 수 있다.

④ 토지의 이용 및 규제에 관한 사항(「토지이용규제 기본법」제10조에 따른 토지이용계획확인서의 내용)은 부동산종합공부의 등록사항이다.

⑤ 지적소관청은 부동산종합공부의 등록사항 중 등록사항 상호 간에 일치하지 아니하는 사항에 대해서는 등록사항을 관리하는 기관의 장에게 그 내용을 통지하여 등록사항정정을 요청할 수 있다.

정답 ③

030 측량·수로조사 및 지적에 관한 법령상 지적공부의 복구자료가 아닌 것은?

① 토지이용계획확인서
② 측량 결과도
③ 토지이동정리 결의서
④ 지적공부의 등본
⑤ 법원의 확정판결서 정본 또는 사본

정답 ①

031 **신규등록에 관한 설명 중 틀린 것은?**

① '신규등록'이라 함은 새로이 조성된 토지 및 등록이 누락되어 있는 토지를 지적공부에 등록하는 것을 말한다.

② 신규등록할 토지가 있는 때에는 60일 이내 지적소관청에 신청하여야 한다.

③ 토지소유자의 신청에 의하여 신규등록을 한 경우 지적소관청은 토지표시에 관한 사항을 지체없이 등기관서에 그 등기를 촉탁하여야 한다.

④ 공유수면매립에 의거 신규등록을 신청하는 때에는 신규등록사유를 기재한 신청서에 공유수면매립법에 의한 준공인가필증 사본을 첨부하여 지적소관청에 제출하여야 한다.

⑤ 신규등록 신청시 첨부해야 하는 서류를 그 지적소관청이 관리하는 경우에는 지적소관청의 확인으로써 그 서류의 제출에 갈음할 수 있다.

정답 ③

032 **등록전환에 관한 설명으로 틀린 것은?**

① 토지소유자는 등록전환할 토지가 있으면 그 사유가 발생한 날부터 60일 이내에 지적소관청에 등록전환을 신청하여야 한다.

② 산지관리법, 건축법 등 관계 법령에 따른 개발행위 허가 등을 받은 경우에는 지목변경과 관계없이 등록전환을 신청할 수 있다.

③ 임야도에 등록된 토지가 사실상 형질변경되었으나 지목변경을 할 수 없는 경우에는 등록전환을 신청할 수 있다.

④ 등록전환에 따른 면적을 정할 때 임야대장의 면적과 등록전환될 면적의 차이가 오차의 허용범위 이내인 경우, 임야대장의 면적을 등록전환 면적으로 결정한다.

⑤ 지적소관청은 등록전환에 따라 지적공부를 정리한 경우, 지체 없이 관할 등기관서에 토지의 표시 변경에 관한 등기를 촉탁하여야 한다.

정답 ④

033 **甲 소유의 토지 300㎡의 일부를 乙에게 매도하기 위하여 분할하고자 하는 경우에 관한 설명으로 틀린 것은?**

① 甲이 분할을 위한 측량을 의뢰하고자 하는 경우 지적측량수행자에게 하여야 한다.

② 매도할 토지가 분할허가 대상인 경우에는 甲이 분할사유를 기재한 신청서에 허가서 사본을 첨부하여야 한다.

③ 분할측량을 하는 때에는 분할되는 필지마다 면적을 측정하지 않아도 된다.

④ 분할에 따른 지상경계는 지상건축물을 걸리게 결정하지 않는 것이 원칙이다.

⑤ 분할측량을 하고자 하는 경우에는 지상경계점에 경계점표지를 설치한 후 측량할 수 있다.

정답 ③

034 공간정보의 구축 및 관리 등에 관한 법령상 합병신청을 할 수 없는 경우이다. 틀린 것은?

① 합병하려는 토지의 지번부여지역, 지목 또는 소유자가 서로 다른 경우

② 합병하려는 각 필지의 지반이 연속되지 아니한 경우

③ 합병하려는 토지의 소유자별 공유지분이 같은 경우

④ 합병하려는 토지의 지적도 및 임야도의 축척이 서로 다른 경우

⑤ 합병하려는 토지가 등기된 토지와 등기되지 아니한 토지인 경우

정답 ③

035 지목변경 신청에 관한 설명으로 틀린 것은?

① 토지소유자는 지목변경을 할 토지가 있으면 그 사유가 발생한 날부터 60일 이내에 지적소관청에 지목변경을 신청 하여야 한다.

② 「국토의 계획 및 이용에 관한 법률」등 관계 법령에 따른 토지의 형질변경 등의 공사가 준공된 경우에는 지목변경을 신청할 수 있다.

③ 전·답·과수원 상호간의 지목변경을 신청하는 경우에는 토지의 용도가 변경되었음을 증명하는 서류의 사본첨부를 생략할 수 있다.

④ 지목변경 신청에 따른 첨부서류를 해당 지적소관청이 관리하는 경우에는 시·도지사의 확인으로 그 서류의 제출을 갈음할 수 있다.

⑤ 「도시개발법」에 따른 도시개발사업의 원활한 추진을 위하여 사업시행자가 공사 준공 전에 토지의 합병을 신청하는 경우에는 지목변경을 신청할 수 있다.

정답 ④

036 공간정보의 구축 및 관리 등에 관한 법령상 지적공부에 등록된 토지가 지형의 변화 등으로 바다로 된 토지의 등록말소 및 회복 등에 관한 설명으로 틀린 것은?

① 지적소관청은 지적공부에 등록된 토지가 지형의 변화 등으로 바다로 된 경우로서 원상(原狀)으로 회복될 수 없는 경우에는 지적공부에 등록된 토지소유자에게 지적공부의 등록말소 신청을 하도록 통지하여야 한다.

② 지적소관청은 바다로 된 토지의 등록말소 신청에 의하여 토지의 표시 변경에 관한 등기를 할 필요가 있는 경우에는 지체 없이 관할 등기관서에 그 등기를 촉탁하여야 한다.

③ 지적소관청이 직권으로 지적공부의 등록사항을 말소한 후 지형의 변화 등으로 다시 토지가 된 경우에 토지로 회복등록을 하려면 그 지적측량성과 및 등록말소 당시의 지적공부 등 관계 자료에 따라야 한다.

④ 지적소관청으로부터 지적공부의 등록말소 신청을 하도록 토지를 받은 토지소유자가 통지를 받은 날부터 60일 이내에 등록말소 신청을 하지 아니하면, 지적소관청은 직권으로 그 지적공부의 등록사항을 말소하여야 한다.

⑤ 지적소관청이 직권으로 지적공부의 등록사항을 말소하거나 회복등록하였을 때에는 그 정리 결과를 토지소유자 및 해당 공유수면의 관리청에 통지하여야 한다.

정답 ④

037 **축척변경에 관한 설명으로 틀린 것은?**

① 청산금의 납부 및 지급이 완료된 때에는 지적소관청은 지체 없이 축척변경의 확정 공고를 하여야 하며, 확정공고일에 토지의 이동이 있는 것으로 본다.

② 청산금의 납부고지 또는 수령통지된 청산금에 관하여 이의가 있는 자는 납부고지 또는 수령통지를 받은 날부터 60일 이내에 지적소관청에 이의신청을 할 수 있다.

③ 축척변경시행지역 안의 토지 소유자 또는 점유자는 시행공고가 있는 날부터 30일 이내에 시행공고일 현재 점유하고 있는 경계에 경계점표지를 설치하여야 한다.

④ 지적소관청은 청산금의 결정을 공고한 날부터 20일 이내에 토지소유자에게 청산 금의 납부고지 또는 수령통지를 하여야 한다.

⑤ 청산금의 납부고지를 받은 자는 그 고지를 받은 날부터 6월 이내에 청산금을 지적 소관청에 납부하여야 한다.

정답 ②

038 **축척변경위원회의 구성 및 기능에 관한 사항으로 틀린 것은?**

① 축척변경위원회는 위원의 3분의 1 이상을 토지소유자로 하여야 한다.

② 축척변경위원회는 축척변경시행계획에 관한 사항을 심의·의결한다.

③ 축척변경위원회는 5인 이상 10인 이내의 위원으로 구성한다.

④ 축척변경위원회는 청산금의 산정에 관한 사항을 심의·의결한다.

⑤ 축척변경위원회는 청산금의 이의신청에 관한 사항을 심의·의결한다.

정답 ①

039 **지적공부의 등록사항정정에 관한 설명으로 틀린 것은?**

① 지적도 및 임야도에 등록된 필지가 면적의 증감 없이 경계의 위치만 잘못 등록된 경우 소관청이 직권으로 조사·측량하여 정정할 수 있다.

② 토지소유자가 경계 또는 면적의 변경을 가져오는 등록사항에 대한 정정신청을 하는 때에는 정정사유를 기재한 신청서에 등록사항정정측량성과도를 첨부하여 소관청에 제출하여야 한다.

③ 등록사항정정대상토지에 대한 대장을 열람하게 하거나 등본을 발급하는 때에는 '등록사항정정대상토지'라고 기재한 부분을 흑백의 반전으로 표시하거나 붉은색으로 기재하여야 한다.

④ 등기된 토지의 지적공부 등록사항정정 내용이 토지의 표시에 관한 사항인 경우 등기필증, 등기부등·초본 또는 등기관서에서 제공한 등기전산정보자료에 의하여 정정하여야 한다.

⑤ 등록사항정정 신청사항이 미등기 토지의 소유자 성명에 관한 사항으로서 명백히 잘못 기재된 경우에는 가족관계 기록사항에 관한 증명서에 의하여 정정할 수 있다.

정답 ④

040 토지의 이동신청 및 지적정리 등에 관한 설명으로 틀린 것은?

① 합병하고자 하는 토지의 소유자별 공유지분이 다르거나 소유자의 주소가 서로 다른 경우 토지소유자는 합병을 신청할 수 없다.

② 소유권이전과 매매 그리고 토지이용상 불합리한 지상경계를 시정하기 위한 경우 토지소유자는 분할을 신청할 수 있다.

③ 국토의 계획 및 이용에 관한 법률 등 관계법령에 의한 토지의 형질변경 등의 공사가 준공된 경우 토지소유자는 지목변경을 신청할 수 있다.

④ 지적공부의 등록사항이 토지이동정리결의서의 내용과 다르게 정리된 경우 지적소관청이 직권으로 조사·측량하여 정정할 수 없다.

⑤ 바다로 되어 등록이 말소된 토지가 지형의 변화 등으로 다시 토지로 된 경우 지적소관청은 회복등록을 할 수 있다.

정답 ④

041 지적측량에 관한 설명으로 틀린 것은?

① 토지소유자 등 이해관계인은 지적측량을 하여야 할 필요가 있는 때에는 지적측량수행자에게 해당 지적측량을 의뢰할 수 있다.

② 지적측량은 기초측량 및 세부측량으로 구분한다.

③ 검사측량을 제외한 지적측량을 의뢰하고자 하는 자는 지적측량의뢰서에 의뢰사유를 증명하는 서류를 첨부하여 지적측량수행자에게 제출하여야 한다.

④ 지적측량수행자는 지적측량의뢰를 받은 때에는 측량기간·측량일자 및 측량수수료 등을 기재한 지적측량수행계획서를 그 다음날까지 지적소관청에 제출하여야 한다.

⑤ 신규등록·등록전환 및 합병 등을 하는 때에는 새로이 측량하여 각 필지의 경계 또는 좌표와 면적을 정한다.

정답 ⑤

042 지적측량에 관한 설명으로 틀린 것은?

① 지적현황측량은 지상건축물 등의 현황을 지적도면에 등록된 경계와 대비하여 표시하기 위해 실시하는 측량을 말한다.

② 지적측량수행자는 지적측량 의뢰가 있는 경우 지적측량을 실시하여 그 측량성과를 결정하여야 한다.

③ 지적측량수행자가 경계복원측량을 실시한 때에는 시·도지사 또는 소관청에게 측량성과에 대한 검사를 받아야 한다.

④ 지적측량은 기초측량 및 세부측량으로 구분하며, 측판측량·전자평판측량·경위의측량·전파기 또는 광파기측량·사진측량 및 위성측량 등의 방법에 의한다.

⑤ 지적측량은 토지를 지적공부에 등록하거나 지적공부에 등록된 경계점을 지상에 복원할 목적으로 소관청 또는 지적측량수행자가 각 필지의 경계 또는 좌표와 면적을 정하는 측량으로 한다.

정답 ③

043 공간정보의 구축 및 관리 등에 관한 법령상 지적측량의 적부심사 등에 관한 설명으로 옳은 것은?

① 지적측량 적부심사청구를 받은 지적소관청은 60일 이내에 다툼이 되는 지적측량의 경위 및 그 성과, 해당 토지에 대한 토지이동 및 소유권 변동 연혁, 해당 토지주변의 측량기준점, 경계, 주요 구조물 등 현황 실측도를 조사하여 지방지적위원회에 회부하여야 한다.

② 지적측량 적부심사청구를 회부받은 지방지적위원회는 부득이한 경우가 아닌 경우 그 심사청구를 회부받은 날부터 90일 이내에 심의·의결하여야 한다.

③ 지방지적위원회는 부득이한 경우에 심의기간을 해당 지적위원회의 의결을 거쳐 60일 이내에서 한 번만 연장할 수 있다.

④ 시·도지사는 지방지적위원회의 지적측량 적부심사 의결서를 받은 날부터 7일 이내에 지적측량 적부심사 청구인 및 이해관계인에게 그 의결서를 통지하여야 한다.

⑤ 의결서를 받은 자가 지방지적위원회의 의결에 불복하는 경우에는 그 의결서를 받은 날부터 90일 이내에 시·도지사를 거쳐 중앙지적위원회에 재심사를 청구할 수 있다.

정답 ④

044 공간정보의 구축 및 관리 등에 관한 법령상 지적소관청이 축척변경 시행공고를 할 때 공고하여야 할 사항으로 틀린 것은?

① 축척변경의 목적, 시행지역 및 시행기간
② 축척변경의 시행에 관한 세부계획
③ 축척변경의 시행자 선정 및 평가방법
④ 축척변경의 시행에 따른 청산방법
⑤ 축척변경의 시행에 따른 토지소유자 등의 협조에 관한 사항

정답 ③

045 공간정보의 구축 및 관리 등에 관한 법령상 축척변경위원회의 구성과 회의 등에 관한 설명으로 옳은 것을 모두 고른 것은?

> ㄱ. 축척변경위원회의 회의는 위원장을 포함한 재적위원 과반수의 출석으로 개의(開議)하고, 출석위원 과반수의 찬성으로 의결한다.
> ㄴ. 축척변경위원회는 5명 이상 15명 이하의 위원으로 구성하되, 위원의 3분의 2 이상을 토지소유자로 하여야 한다. 이 경우 그 축척변경 시행지역의 토지소유자가 5명 이하일 때에는 토지소유자 전원을 위원으로 위촉하여야 한다.
> ㄷ. 위원은 해당 축척변경 시행지역의 토지소유자로서 지역 사정에 정통한 사람과 지적에 관한 전문지식을 가진 사람 중에서 지적소관청이 위촉한다.

① ㄱ
② ㄴ
③ ㄱ, ㄷ
④ ㄴ, ㄷ
⑤ ㄱ, ㄴ, ㄷ

정답 ③

046 공간정보의 구축 및 관리 등에 관한 법령상 축척변경에 관한 설명으로 틀린 것은? (단, 축척변경위원회의 의결 및 시·도지사 또는 대도시 시장의 승인을 받는 경우에 한함)

① 지적소관청은 하나의 지번부여지역에 서로 다른 축척의 지적도가 있는 경우에는 토지소유자의 신청 또는 지적소관청의 직권으로 일정한 지역을 정하여 그 지역의 축척을 변경할 수 있다.
② 축척변경을 신청하는 토지소유자는 축척변경 사유를 적은 신청서에 토지소유자 3분의 2 이상의 동의서를 첨부하여 지적소관청에 제출하여야 한다.
③ 축척변경 시행지역의 토지소유자 또는 점유자는 시행공고가 된 날부터 30일 이내에 시행공고일 현재 점유하고 있는 경계에 경계점표지를 설치하여야 한다.
④ 축척변경에 따른 청산금의 납부고지를 받은 자는 그 고지를 받은 날부터 3개월 이내에 청산금을 지적소관청에 내야 한다.
⑤ 축척변경에 따른 청산금의 납부 및 지급이 완료되었을 때에는 지적소관청은 지체 없이 축척변경의 확정공고를 하고 확정된 사항을 지적공부에 등록하여야 한다.

정답 ④

047 공간정보의 구축 및 관리 등에 관한 법령상 토지의 이동 신청 및 지적정리 등에 관한 설명이다. (   ) 안에 들어갈 내용으로 옳은 것은?

> 지적소관청은 토지의 표시가 잘못되었음을 발견하였을 때에는 (ㄱ) 등록사항정정에 필요한 서류와 등록사항정정 측량성과도를 작성하고, 「공간정보의 구축 및 관리 등에 관한 법률 시행령」 제84조제2항에 따라 토지이동정리 결의서를 작성한 후 대장의 사유란에 (ㄴ)라고 적고, 토지소유자에게 등록사항정정 신청을 할 수 있도록 그 사유를 통지하여야 한다.

① ㄱ: 지체 없이, ㄴ: 등록사항정정 대상토지
② ㄱ: 지체 없이, ㄴ: 지적불부합 토지
③ ㄱ: 7일 이내, ㄴ: 토지표시정정 대상토지
④ ㄱ: 30일 이내, ㄴ: 지적불부합 토지
⑤ ㄱ: 30일 이내, ㄴ: 등록사항정정 대상토지

정답 ①

048 다음은 공간정보의 구축 및 관리 등에 관한 법령상 등록사항 정정 대상토지에 대한 대장의 열람 또는 등본의 발급에 관한 설명이다. (   )에 들어갈 내용으로 옳은 것은?

> 지적소관청은 등록사항 정정 대상토지에 대한 대장을 열람하게 하거나 등본을 발급하는 때에는 (ㄱ)라고 적은 부분을 흑백의 반전(反轉)으로 표시하거나 (ㄴ)(으)로 적어야 한다.

① ㄱ: 지적불부합지,   ㄴ: 붉은색
② ㄱ: 지적불부합지,   ㄴ: 굵은 고딕체
③ ㄱ: 지적불부합지,   ㄴ: 담당자의 자필(自筆)
④ ㄱ: 등록사항 정정 대상토지,   ㄴ: 붉은색
⑤ ㄱ: 등록사항 정정 대상토지,   ㄴ: 굵은 고딕체

정답 ④

049 공간정보의 구축 및 관리 등에 관한 법령상 지적기준점성과와 지적기준점성과의 열람 및 등본 발급 신청기관의 연결이 옳은 것은?

① 지적삼각점성과 − 시·도지사 또는 지적소관청
② 지적삼각보조점성과 − 시·도지사 또는 지적소관청
③ 지적삼각보조점성과 − 지적소관청 또는 한국국토정보공사
④ 지적도근점성과 − 시·도지사 또는 한국국토정보공사
⑤ 지적도근점성과 − 지적소관청 또는 한국국토정보공사

정답 ①

050 다음은 지적측량의 기간에 관한 내용이다. ( )에 들어갈 내용으로 옳은 것은?

> 지적측량의 측량기간은 (㉠)로 하며, 측량검사기간은 (㉡)로 한다. 다만, 지적기준
> 점을 설치하여 측량 또는 측량검사를 하는 경우 지적기준점이 15점 이하인 경우에는
> 4일을, 15점을 초과하는 경우에는 4일에 15점을 초과하는 (㉢)마다 1일을 가산한다.
> 이와 같은 기준에도 불구하고, 지적측량 의뢰인과 지적측량수행자가 서로 합의하여
> 따로 기간을 정하는 경우에는 그 기간에 따르되, 전체 기간의 (㉣)은 측량기간으로,
> 전체 기간의 (㉤)은(는) 측량검사기간으로 본다.

① ㉠ 4일, ㉡ 3일, ㉢ 5점, ㉣ 4분의 3, ㉤ 4분의 1
② ㉠ 4일, ㉡ 3일, ㉢ 4점, ㉣ 5분의 3, ㉤ 5분의 2
③ ㉠ 5일, ㉡ 4일, ㉢ 4점, ㉣ 4분의 3, ㉤ 4분의 1
④ ㉠ 5일, ㉡ 4일, ㉢ 4점, ㉣ 5분의 3, ㉤ 5분의 2
⑤ ㉠ 5일, ㉡ 4일, ㉢ 5점, ㉣ 5분의 3, ㉤ 5분의 2

정답 ③

부동산등기법

051 등기사무에 관하여 옳은 것을 모두 고른 것은?

> ㄱ. 법인 아닌 사단은 전자신청을 할 수 없다.
> ㄴ. 등기신청의 각하결정에 대해 제3자는 이의신청을 할 수 없다.
> ㄷ. 공동상속인 중 일부가 자신의 상속지분만에 대한 상속등기를 신청한 경우는 각하
> 　　사유에 해당한다.
> ㄹ. 여러명의 가등기권리자 중 1인은 자기지분에 관하여만 본등기 신청할 수 있다.

① ㄱ, ㄷ
② ㄴ, ㄹ
③ ㄱ, ㄴ, ㄷ
④ ㄴ, ㄷ, ㄹ
⑤ ㄱ, ㄴ, ㄷ, ㄹ

정답 ⑤

052 부동산등기에 관한 설명으로 틀린 것은?

① 건물소유권의 공유지분 일부에 대하여는 전세권설정등기를 할 수 없다.

② 구분건물에 대하여는 전유부분마다 부동산고유번호를 부여한다.

③ 폐쇄한 등기기록에 대해서는 등기사항의 열람은 가능하지만 등기사항증명서의 발급은 청구할 수 없다.

④ 전세금을 증액하는 전세권변경등기는 등기상 이해관계 있는 제3자의 승낙 또는 이에 대항할 수 있는 재판의 등본이 없으면 부기등기가 아닌 주등기로 해야 한다.

⑤ 구분건물등기기록에는 1동의 건물에 대한 표제부를 두고, 전유부분마다 표제부, 갑구, 을구를 둔다.

정답 ③

053 등기의 효력에 관한 설명으로 틀린 것은? (다툼이 있으면 판례에 따름)

① 등기를 마친 경우 그 등기의 효력은 대법원규칙으로 정하는 등기신청정보가 전산정보처리조직에 저장된 때 발생한다.

② 대지권을 등기한 후에 한 건물의 권리에 관한 등기는 건물만에 관한 것이라는 뜻의 부기등기가 없으면 대지권에 대하여 동일한 등기로서 효력이 있다.

③ 같은 주등기에 관한 부기등기 상호간의 순위는 그 등기 순서에 따른다.

④ 소유권이전등기청구권을 보전하기 위한 가등기에 대하여는 가처분등기를 할 수 없다.

⑤ 사망자 명의의 신청으로 마쳐진 이전등기에 대해서는 그 등기의 유효를 주장하는 자에게 증명할 책임이 있다.

정답 ④

054 가압류 · 가처분 등기에 관한 설명으로 옳은 것은?

① 소유권에 대한 가압류등기는 부기등기로 한다.

② 처분금지가처분등기가 되어 있는 토지에 대하여는 소유권이전등기를 신청할 수 없다.

③ 가처분등기의 말소등기는 등기권리자와 등기의무자가 공동으로 신청해야한다.

④ 부동산에 대한 처분금지가처분등기의 경우, 금전채권을 피보전권리로 기재한다.

⑤ 부동산의 공유지분에 대해서도 가압류등기가 가능하다.

정답 ⑤

055 등기의 효력에 관한 설명으로 옳은 것은?

① 구(舊) '부동산소유권 이전등기 등에 관한 특별조치법'에 의한 소유권이전등기는 추정력이 인정되지 아니한다.

② 소유권이전등기가 경료되어 있는 경우, 그 등기의 명의자는 그 전(前)소유자에 대해서는 적법한 등기원인에 의하여 소유권을 취득한 것으로 추정되지 않는다.

③ 상속인이 자기명의로 소유권이전등기를 하지 않고 그 부동산을 양도하여, 피상속인으로부터 직접 양수인 앞으로 소유권이전등기를 한 경우 그 등기는 효력이 없다.

④ 가등기권리자는 중복된 소유권보존등기의 말소를 청구할 권리가 있다.

⑤ 담보가등기권리자는 그 담보물에 대한 경매절차에서 그 가등기의 순위에 의하여 우선변제를 받을 수 있다.

정답 ⑤

056 부기등기를 하는 경우가 아닌 것은?

① 등기명의인이 개명(改名)한 경우에 하는 등기명의인표기변경등기

② 공유물(公有物)을 분할하지 않기로 하는 약정의 등기

③ 지상권의 이전등기

④ 전세권을 목적으로 하는 저당권의 설정등기

⑤ 등기의 전부가 말소된 경우 그 회복등기

정답 ⑤

057 등기소에 관한 다음 기술 중 틀린 것은?

① 등기소의 관할은 부동산의 소재지를 관할하는 지방법원, 그 지원 또는 등기소를 관할등기소로 한다.

② 부동산이 여러 개의 등기소의 관할구역에 걸쳐 있을 때에는 신청을 받아 그 각 등기소를 관할하는 상급법원의 장이 관할 등기소를 지정한다.

③ 어느 등기소의 관할에 속하는 사무를 다른 등기소에 위임하게 할 수 있는 자는 대법원장이다.

④ 부동산의 소재지가 다른 등기소의 관할로 바뀌었을 때에는 종전의 관할등기소는 전산정보처리조직을 이용하여 그 부동산에 관한 등기기록과 신탁원부, 공동담보(전세)목록, 도면 및 매매목록의 처리권한을 다른 등기소로 넘겨주는 조치를 하여야 한다.

⑤ 등기소에서 등기사무를 정지하여야 하는 사고가 발생하면 지방법원장은 기간을 정하여 그 사무의 정지를 명령할 수 있다.

정답 ⑤

058　등기제도에 관한 설명으로 옳은 것은?

① 등기기록에 기록되어 있는 사항은 이해관계인에 한해 열람을 청구할 수 있다.

② 저당권의 피담보채권의 소멸이 된 후에도 채권양도를 원인으로 한 저당권이전등기가 가능하다.

③ 전세권의 존속기간이 만료된 경우, 전세권자체에 대한 저당권 실행의 등기는 할 수 없다.

④ 말소된 등기의 회복을 신청할 때에 등기상 이해관계 있는 제3자가 있는 경우, 그 제3자의 승낙은 필요하지 않다.

⑤ 등기소에 보관 중인 등기신청서는 법관이 발부한 영장에 의해 압수하는 경우에도 등기소 밖으로 옮기지 못한다.

정답 ③

059　등기당사자능력에 관한 설명으로 옳은 것은? (다툼이 있으면 판례에 따름)

① 태아로 있는 동안에는 태아의 명의로 대리인이 등기를 신청한다.

② 민법상 조합은 직접 자신의 명의로 등기를 신청한다.

③ 법인 아닌 사단(社團)은 대표자명의로 등기를 신청할 수 있다.

④ 사립학교는 설립주체가 누구인지를 불문하고 학교 명의로 등기를 신청한다.

⑤ 외국인은 법령이나 조약의 제한이 없는 한 자기 명의로 등기신청을 하고 등기명의인이 될 수 있다.

정답 ⑤

060　등기신청에 관한 설명 중 틀린 것은?

① 법인 아닌 사단에 속하는 부동산에 관한 등기는 그 사단의 명의로 신청할 수 있다.

② 근저당권설정자가 사망한 경우 근저당권자는 임의경매신청을 하기 위하여 근저당권의 목적인 부동산의 상속등기를 대위신청할 수 있다.

③ 甲, 乙간의 매매 후 등기 전에 매수인 乙이 사망한 경우 乙의 상속인 丙은 甲과 공동으로 丙명의의 소유권이전등기를 신청할 수 있다.

④ 甲 ⇨ 乙 ⇨ 丙 ⇨ 丁으로 매매가 이루어졌으나 등기명의인이 甲인 경우 최종매수인 丁은 乙과 丙을 순차로 대위하여 소유권이전등기를 신청할 수 있다.

⑤ 민법상 조합을 등기의무자로 한 근저당권설정등기는 신청할 수 없지만, 채무자로 표시한 근저당권설정등기는 신청할 수 있다.

정답 ⑤

061 법인 아닌 사단·재단의 등기신청과 관련한 다음의 설명 중 틀린 것은?

① 종중, 문중, 기타 대표자나 관리인이 있는 법인 아닌 사단이나 재단에 속하는 부동산의 등기에 관하여서는 그 사단·재단의 대표자 또는 관리인이 등기권리자 또는 등기의무자로 한다.

② 등기는 그 사단 또는 재단의 명의로 그 대표자 또는 관리인이 이를 신청한다.

③ 대표자나 관리인의 성명·주민등록번호·주소 등은 등기할 사항이다.

④ 등기를 신청하는 경우에는 정관이나 그 밖의 규약, 대표자나 관리인임을 증명하는 정보(다만, 등기되어 있는 대표자나 관리인이 신청하는 경우에는 그러하지 아니하다), 재산의 관리 및 처분을 위한 사원총회의 결의서, 대표자 또는 관리인의 주소 및 주민등록번호를 증명하는 정보를 첨부정보로서 등기소에 제공하여야 한다.

⑤ 사원총회의 결의서는 법인 아닌 사단이 등기의무자인 경우에 한한다.

정답 ①

062 절차법상 등기권리자와 등기의무자를 옳게 설명한 것을 모두 고른 것은?

> ㄱ. 甲 소유로 등기된 토지에 설정된 乙 명의의 근저당권을 丙에게 이전하는 등기를 신청하는 경우, 등기의무자는 乙이다.
> ㄴ. 甲에서 乙로, 乙에서 丙으로 순차로 소유권이전등기가 이루어졌으나 乙 명의의 등기가 원인무효임을 이유로 甲이 丙을 상대로 丙 명의의 등기 말소를 명하는 확정판결을 얻은 경우, 그 판결에 따른 등기에 있어서 등기권리자는 甲이다.
> ㄷ. 채무자 甲에서 乙로 소유권이전등기가 이루어졌으나 甲의 채권자 丙이 등기원인이 사해행위임을 이유로 그 소유권이전등기의 말소판결을 받은 경우, 그 판결에 따른 등기에 있어서 등기권리자는 甲이다.

① ㄴ ② ㄷ
③ ㄱ, ㄴ ④ ㄱ, ㄷ
⑤ ㄴ, ㄷ

정답 ④

063 등기권리자와 등기의무자에 관한 설명으로 틀린 것은?

① 실체법상 등기권리자와 절차법상 등기권리자는 일치하지 않는 경우도 있다.

② 실체법상 등기권리자는 실체법상 등기의무자에 대해 등기신청에 협력할 것을 요구할 권리를 가진 자이다.

③ 절차법상 등기의무자에 해당하는지 여부는 등기기록상 형식적으로 판단해야 하고, 실체법상 등기의무에 대해서는 고려해서는 안 된다.

④ 甲이 자신의 부동산에 설정해 준 乙명의의 전세권설정등기를 말소하는 경우, 甲이 절차법상 등기권리자에 해당한다.

⑤ 부동산이 甲 → 乙 → 丙으로 매도되었으나 등기명의가 甲에게 남아 있어 丙이 乙을 대위하여 소유권이전등기를 신청하는 경우, 丙은 절차법상 등기권리자에 해당한다.

정답 ⑤

064 부동산등기특별조치법상 등기신청의무에 관한 설명으로 옳은 것은? (다툼이 있으면 판례에 의함)

① 乙의 토지에 대하여 부담없는 증여계약을 체결한 甲은 그 토지를 인도받은 날로부터 60일내 등기신청을 하여야 한다.

② 乙의 토지에 대하여 매매계약을 체결한 甲이 잔금지급 전에 丙에게 매도하려면, 甲은 丙과 계약을 체결한 날로부터 60일내 먼저 甲명의로 소유권이전등기를 신청하여야 한다.

③ 乙의 토지에 대하여 매매계약을 체결한 甲이 잔금지급 이전에 丙에게 매수인의 지위를 이전한 경우, 甲은 먼저 甲명의로 소유권이전등기를 신청하여야 한다.

④ 甲이 자기 소유의 건물을 보존등기할 수 있었음에도 불구하고 등기하지 않은 채 乙과 매매계약을 체결하였다면, 甲은 보존등기를 할 수 있었던 날로부터 60일내 보존등기를 신청하여야 한다.

⑤ 乙의 토지에 대하여 매매계약을 체결한 甲이 잔금을 지급한 후 丙에게 그 토지를 매도하려면, 먼저 甲명의로 소유권이전등기를 한 후 丙과 계약을 체결하여야 한다.

정답 ⑤

065 판결에 의한 등기신청에 관한 설명으로 틀린 것은?

① 공유물분할판결에서 패소한 자도 단독으로 공유물분할을 원인으로 한 지분이전등기를 신청할 수 있다.

② 승소한 등기권리자가 판결에 의한 등기신청을 하지 않는 경우에는 패소한 등기의무자도 그 판결에 의한 등기신청을 할 수 있다.

③ 승소한 등기권리자가 그 소송의 변론종결 후 사망하였다면, 상속인이 그 판결에 의해 직접 자기 명의로 등기를 신청할 수 있다.

④ 채권자 대위소송에서 채무자가 그 소송이 제기된 사실을 알았을 경우, 채무자도 채권자가 얻은 승소판결에 의하여 단독으로 그 등기를 신청할 수 있다.

⑤ 등기절차의 이행을 명하는 판결이 확정된 후, 10년이 지난 경우에도 그 판결에 의한 등기신청을 할 수 있다.

정답 ②

066 다음은 승소한 등기권리자 또는 등기의무자만으로 등기를 신청할 수 있는 판결에 관한 설명이다. 틀린 것은?

① 판결은 등기절차의 이행을 명하는 이행판결만을 의미하고 확인판결이나 형성판결은 포함되지 아니함이 원칙이다.

② 판결에는 소송상 화해조서, 민사에 관한 조정조서, 조정에 갈음하는 결정조서 및 공정증서도 포함되는 것이 원칙이다.

③ 반대급부의 이행이 있는 후에 등기신청의 의사진술을 명한 이행판결의 경우에는 집행문을 부여받지 않으면 등기권리자만으로 등기를 신청할 수 없다.

④ 판결이 확정된 지 10년이 경과하여 소멸시효가 완성된 것으로 짐작이 가더라도 그 판결에 의한 등기신청을 할 수 있다는 것이 실무의 태도이다.

⑤ 승소한 등기의무자의 등기신청에 의하여 등기를 완료한 때에는 등기권리자에게 등기완료사실을 통지하여야 한다.

정답 ②

067 판결에 의한 등기신청에 관한 설명이다. 옳지 않은 것은?

① 형성판결인 공유물분할판결도 확정되면 판결에 의한 등기를 신청할 수 있으므로 그 소송의 원고의 지위에 있는 자만이 등기권리자로서 등기를 신청할 수 있다.

② 확정된 지 10년이 경과하여 그 소멸시효가 완성된 것으로 짐작이 가는 판결이라도 그 판결에 의한 등기신청을 할 수 있다.

③ 공유물분할판결의 경우에는 판결확정일이 그 등기원인일자가 된다.

④ 소유권이전등기말소청구의 소를 제기하여 승소판결을 받은 자가 그 판결에 의한 등기신청을 하지 아니하는 경우 패소한 등기의무자가 그 판결에 기하여 직접 말소등기를 신청하거나 대위등기를 할 수는 없다.

⑤ 승소한 등기의무자의 등기신청에 의하여 등기를 완료한 때에는 등기권리자에게 등기완료사실을 통지하여야 한다.

정답 ①

068 판결에 의한 소유권이전등기신청에 관한 설명으로 옳은 것은?

① 판결에 의하여 소유권이전등기를 신청하는 경우, 그 판결주문에 등기원인일의 기재가 없으면 등기신청서에 판결송달일을 등기원인일로 기재하여야 한다.

② 소유권이전등기의 이행판결에 가집행이 붙은 경우, 판결이 확정되지 아니하여도 가집행선고에 의한 소유권이전등기를 신청할 수 있다.

③ 판결에 의한 소유권이전등기신청서에는 판결정본과 그 판결에 대한 송달증명서를 첨부하여야 한다.

④ 공유물분할판결이 확정되면 그 소송의 피고도 단독으로 공유물분할을 원인으로 한 지분이전등기를 신청할 수 있다.

⑤ 소유권이전등기절차 이행을 명하는 판결이 확정된 후 10년이 경과하면 그 판결에 의한 소유권이전등기를 신청할 수 없다.

정답 ④

069 단독으로 신청할 수 있는 등기를 모두 고른 것은?

> ㄱ. 소유권보존등기의 말소등기
> ㄴ. 근저당권의 채권최고액을 감액하는 변경등기
> ㄷ. 법인합병을 원인으로 한 저당권이전등기
> ㄹ. 포괄유증으로 인한 소유권이전등기
> ㅁ. 승역지에 지역권설정등기를 하였을 경우, 요역지지역권등기

① ㄱ, ㄷ   ② ㄱ, ㄹ

③ ㄴ, ㄹ   ④ ㄱ, ㄷ, ㅁ

⑤ ㄷ, ㄹ, ㅁ

정답 ①

070 단독으로 신청하는 등기에 관한 설명으로 틀린 것을 모두 고른 것은?

> ㄱ. 등기의 말소를 공동으로 신청해야 하는 경우, 등기의무자의 소재불명으로 제권판
> 결을 받으면 등기권리자는 그 사실을 증명하여 단독으로 등기의 말소를 신청할
> 수 있다.
> ㄴ. 수용으로 인한 소유권이전등기를 하는 경우, 그 부동산을 위하여 존재하는 지역권
> 등기말소는 단독으로 신청하여야 한다.
> ㄷ. 이행판결에 의한 등기는 승소한 등기권리자가 단독으로 신청할 수 있다.
> ㄹ. 말소등기 신청시 등기의 말소에 대하여 등기상 이해관계 있는 제3자의 승낙이 있
> 는 경우, 그 제3자 명의의 등기는 등기권리자의 단독신청으로 말소된다.
> ㅁ. 소유권이전등기 신청시 등기명의인 표시변경등기는 등기관이 직권으로 한다.

① ㄱ, ㄷ   ② ㄱ, ㄹ
③ ㄴ, ㄹ   ④ ㄴ, ㅁ
⑤ ㄷ, ㅁ

정답 ③

071 단독으로 등기신청할 수 있는 것을 모두 고른 것은? (단, 판결 등 집행권원에 의한 신청
은 제외함)

> ㄱ. 가등기에 관하여 등기상 이해관계 있는 자는 가등기명의인의 승낙을 받아 단독으
> 로 가등기의 말소 신청
> ㄴ. 토지를 수용한 한국토지주택공사의 소유권이전등기 신청
> ㄷ. 근저당권의 채권최고액을 감액하는 근저당권자의 변경등기 신청
> ㄹ. 포괄유증을 원인으로 하는 수증자의 소유권이전등기 신청

① ㄱ   ② ㄱ, ㄴ
③ ㄴ, ㄷ   ④ ㄱ, ㄷ, ㄹ
⑤ ㄴ, ㄷ, ㄹ

정답 ②

072 다음은 등기관이 직권으로 등기하여야 하는 경우를 설명한 것이다. 틀린 것은?
① 미등기부동산에 대한 처분제한등기를 하기 위한 소유권보존등기
② 가등기에 의한 본등기를 하는 때에 가등기 이후에 경료된 제3취득등기의 말소
③ 가처분권자의 승소판결에 의한 소유권이전등기를 할 때에 가처분 이후에 경료된 제3자명의의 소유권이전등기의 말소
④ 소유권이전등기시 주소증명서면에 의하여 등기의무자의 주소가 변경된 사실이 증명되는 경우 등기의무자의 주소변경등기
⑤ 토지수용으로 인한 소유권이전등기시 그 수용부동산의 등기부에 기록되어 있는 소유권 외의 권리에 관한 등기의 말소

정답 ③

073 다음 중 직권으로 등기할 수 있는 경우는?
① 미등기부동산에 대하여 체납처분에 의한 압류등기의 촉탁이 있는 경우의 소유권보존등기
② 등기부상 이해관계인의 승낙서를 첨부한 권리경정등기
③ 규약상 공용부분이라는 뜻을 정한 규약을 폐지한 경우의 소유권보존등기
④ 처분금지가처분 이후에 원고의 승소판결에 따른 소유권이전등기시의 처분금지가처분 이후에 경료된 제3자의 소유권 외의 권리에 관한 등기의 말소등기
⑤ 환매권의 행사로 인하여 환매권자 앞으로의 권리이전등기를 한 경우에 제3자의 권리에 관한 등기의 말소등기

정답 ②

074 甲이 그 소유의 부동산을 乙에게 매도한 경우에 관한 설명으로 틀린 것은?
① 甲과 乙은 공동으로 소유권이전등기를 관할 등기소에 신청한다.
② 乙은 甲의 위임을 받더라도 그의 대리인으로서 소유권이전등기를 신청할 수 없다.
③ 乙이 소유권이전등기신청에 협조하지 않는 경우, 甲은 乙에게 등기신청에 협조할 것을 소구(訴求)할 수 있다.
④ 甲이 소유권이전등기신청에 협조하지 않는 경우, 乙은 승소판결을 받아 단독으로 소유권이전등기를 신청할 수 있다.
⑤ 소유권이전등기가 마쳐지면, 乙은 등기신청을 접수한 때 부동산에 대한 소유권을 취득한다.

정답 ②

075 다음은 대리인에 대한 설명이다. 틀린 것은?

① 대리인은 의사능력만 있으면 족하고 행위능력자임을 요하지 않는다.

② 임의대리인은 법무사·변호사에 한하는 것은 아니다.

③ 법무사 또는 변호사 아닌 자가 등기권리자나 등기의무자 또는 쌍방을 대리하여 등기신청을 하는 경우에는 신청인과 대리인의 관계를 밝혀 보수를 받지 않고 한다는 사실을 소명하여야 한다.

④ 법무사 또는 변호사 아닌 자는 등기신청의 대리행위를 업(業)으로 하지 못한다.

⑤ 대리권은 등기신청시까지만 있으면 된다.

정답 ③

076 다음 대위등기에 관련한 기술 중 틀린 것은?

① 1동의 건물에 속하는 구분건물 중 일부만에 관하여 소유권보존등기를 신청하는 경우에는 나머지 구분건물의 표시에 관한 등기를 동시에 신청하여야 하는데 이 경우에 구분건물의 소유자는 1동에 속하는 다른 구분건물의 소유자를 대위하여 그 건물의 표시에 관한 등기를 신청할 수 있다.

② 구분건물이 아닌 건물로 등기된 건물에 접속하여 구분건물을 신축한 경우에 그 신축건물의 소유권보존등기를 신청할 때에는 구분건물이 아닌 건물을 구분건물로 변경하는 건물의 표시변경등기를 동시에 신청하여야 하는데, 이 경우 구분건물의 소유자는 다른 구분건물의 소유자를 대위하여 소유권보존등기와 표시변경등기를 신청할 수 있다.

③ 건물이 멸실된 경우에는 그 건물 소유권의 등기명의인은 그 사실이 있는 때부터 1개월 이내에 그 등기를 신청하여야 한다. 이 경우 건물 소유권의 등기명의인이 1개월 이내에 멸실등기를 신청하지 아니하면 그 건물대지의 소유자가 건물 소유권의 등기명의인을 대위하여 그 등기를 신청할 수 있다.

④ 구분건물로서 그 건물이 속하는 1동 전부가 멸실된 경우에는 그 구분건물의 소유권의 등기명의인은 1동의 건물에 속하는 다른 구분건물의 소유권의 등기명의인을 대위하여 1동 전부에 대한 멸실등기를 신청할 수 있다.

⑤ 존재하지 아니하는 건물에 대한 등기가 있을 때에는 그 소유권의 등기명의인은 지체없이 멸실 등기를 신청하여야 한다. 이 경우 그 건물 소유권의 등기명의인이 1개월 이내에 멸실 등기를 신청하지 아니하는 경우에는 그 건물대지의 소유자가 건물 소유권의 등기명의인을 대위하여 그 등기를 신청 할 수 있다.

정답 ②

077 다음 중 채권자대위에 의한 등기절차에 대한 설명으로 가장 타당한 것은?

① 채권자가 채무자를 대위하여 등기를 신청하는 경우 채무자로부터 채권자 자신으로의 등기를 동시에 신청하여야 한다.

② 대위원인을 증명하는 서면은 반드시 공문서 또는 공정증서이어야 한다.

③ 가압류결정정본이나 등기사항증명서는 대위원인을 증명하는 서면이 될 수 없다.

④ 대위채권자에게 등기필정보를 통지한다.

⑤ 채권자가 채무자를 대위하여 등기신청을 하는 경우에는 소정의 취득세를 납부하고 국민주택채권도 매입하여야 한다.

정답 ⑤

078 등기신청에 관한 설명으로 옳은 것은?

① 외국인은 「출입국관리법」에 따라 외국인등록을 하더라도 전산정보처리조직에 의한 사용자등록을 할 수 없으므로 전자신청을 할 수 없다.

② 법인 아닌 사단이 등기권리자로서 등기신청을 하는 경우, 그 대표자의 성명 및 주소를 증명하는 정보를 첨부정보로 제공하여야 하지만 주민등록번호를 제공할 필요는 없다.

③ 환매권을 행사하는 경우 소유권이전등기와 환매특약등기 말소는 단독신청한다.

④ 신탁재산에 속하는 부동산의 신탁등기는 신탁자와 수탁자가 공동으로 신청하여야 한다.

⑤ 전자표준양식에 의한 등기신청의 경우, 자격자대리인(법무사 등)이 아닌 자도 타인을 대리하여 등기를 신청할 수 있다.

정답 ⑤

079 전산정보처리조직에 의한 등기신청에 관한 설명으로 옳은 것은?

① 전자신청의 경우, 인감증명을 제출해야 하는 자가 인증서정보(전자서명정보)를 송신할 때에는 인감증명서정보의 송신을 요하지 않는다.

② 전자신청의 경우에 사용자 등록을 하여야 하고 사용자등록을 할 때 인감증명서정보를 제공하여야 한다.

③ 전자신청을 위한 사용자등록의 관할 등기소는 없다.

④ 법인이 아닌 사단의 경우, 그 사단 명의로 대표자가 전자신청을 할 수 있다.

⑤ 사용자등록의 유효기간 3년이 경과한 경우에 연장할 수 있다.

정답 ②

080 전산정보처리조직에 의한 등기신청(이하 '전자신청'이라 한다)에 관한 설명으로 옳은 것은?

① 전자신청의 경우, 인감증명을 제출해야 하는 자가 공인인증서정보를 송신할 때에는 인감증명서정보도 같이 송신해야 한다.

② 등기신청의 당사자나 대리인이 전자신청을 하려면 미리 사용자등록을 해야 하며, 사용자등록의 유효기간은 3년이다.

③ 전자신청에 대하여 보정사항이 있는 경우, 등기관은 보정사유를 등록한 후 반드시 전자우편 방법에 의하여 그 사유를 신청인에게 통지해야 한다.

④ 법인이 아닌 사단의 경우, 그 사단 명의로 대표자가 전자신청을 할 수 있다.

⑤ 전자신청의 취하는 서면으로 해야 한다.

정답 ②

081 전산정보처리조직에 의한 등기신청(이하 '전자신청'이라 함)에 관련된 설명으로 틀린 것은?

① 사용자등록을 한 법무사에게 전자신청에 관한 대리권을 수여한 등기권리자도 사용자등록을 하여야 법무사가 대리하여 전자신청을 할 수 있다.

② 최초로 사용자등록을 신청하는 당사자 또는 자격자대리인은 등기소에 출석하여야 한다.

③ 전자신청을 위한 사용자등록은 전국 어느 등기소에서나 신청할 수 있다.

④ 법인 아닌 사단은 전자신청을 할 수 없다.

⑤ 사용자등록 신청서에는 인감증명을 첨부하여야 한다.

정답 ①

082 2021년에 사인(私人)간 토지소유권이전등기 신청시, 등기원인을 증명하는 서면에 검인을 받아야 하는 경우를 모두 고른 것은?

ㄱ. 임의경매	ㄴ. 진정명의 회복
ㄷ. 공유물분할합의	ㄹ. 판결서 또는 조서
ㅁ. 명의신탁해지약정	

① ㄱ, ㄴ   ② ㄱ, ㄷ

③ ㄴ, ㄹ   ④ ㄷ, ㅁ

⑤ ㄷ, ㄹ, ㅁ

정답 ⑤

083 등기원인증서의 검인에 관한 설명으로 옳은 것은?

① 등기원인증서가 집행력 있는 판결서인 경우에는 검인을 받을 필요가 없다.

② 무허가 건물에 대한 매매계약서나 미등기 아파트에 대한 분양계약서는 검인을 받아야 한다.

③ 신탁해지약정서를 원인서면으로 첨부하여 소유권이전등기를 신청하는 경우에는 검인을 받을 필요가 없다.

④ 매매계약 해제로 인한 소유권이전등기의 말소등기신청시 그 등기원인증서인 매매계약 해제증서에 검인을 받아야 한다.

⑤ 토지거래허가구역 내에서 동일 지번상의 토지 및 건물에 대한 일괄 소유권이전등기를 신청할 경우, 건물에 대해서는 별도로 검인을 받아야 한다.

정답 ②

084 농지법상의 농지에 대하여 소유권이전등기를 신청할 때 농지취득자격증명을 제공할 필요가 없는 경우는?

① 부인이 남편 소유의 농지를 상속받은 경우

② 농지전용허가를 받은 농지를 개인이 매수한 경우

③ 영농조합법인이 농지를 매수한 경우

④ 개인이 국가로부터 농지를 매수한 경우

⑤ 아들이 아버지로부터 농지를 증여받은 경우

정답 ①

085 등기의무자의 등기필정보에 대한 다음 설명 중 틀린 것은?

① 공유물분할을 원인으로 소유권을 취득한 자가 등기의무자가 되어 그 부동산에 대하여 다시 소유권 이전등기를 신청하는 경우에는 공유물분할등기에 관한 등기필정보뿐만 아니라 공유물분할등기 이전에 공유자로서 등기할 당시 등기관으로부터 통지받은 등기필정보도 함께 신청정보로 제공하여야 한다.

② 근저당권이 이전된 후 근저당권을 말소하는 경우에는 원래의 근저당권등기필정보를 제공하여야 한다.

③ 승소한 등기의무자가 집행력 있는 판결을 첨부하여 소유권이전등기를 신청하는 경우에는 등기의무자의 등기필정보를 신청정보로 제공하여야 한다.

④ 채무자변경으로 인한 근저당권변경등기신청시에는 등기의무자가 소유권취득당시 등기소로부터 교부받은 등기필정보만 제공하면 족하다.

⑤ 토지가 농지 정리 등으로 환지된 경우 환지된 토지에 대한 소유권이전등기를 신청할 때에는 환지 전 토지에 대한 등기필정보를 제공하여야 한다.

정답 ②

www.pmg.co.kr

086 다음은 등기신청서에 첨부해야 할 주소를 증명하는 정보에 대한 설명이다. 틀린 것은?

① 소유권이전등기를 신청하는 경우에 등기권리자 및 등기의무자 각자의 주소를 증명하는 정보를 제공하여야 한다.

② 판결·경매로 인하여 등기권리자만으로 소유권이전등기를 신청하는 경우에는 등기권리자만의 주소를 증명하는 정보를 제공하면 된다.

③ 전세권설정등기의 말소등기를 신청하는 경우도 주소를 증명하는 정보를 제공하여야 한다.

④ 주민등록표등본·초본은 발행일로부터 3월 이내의 것이어야 한다.

⑤ 상속재산분할협의서를 첨부하여 상속으로 인한 소유권이전등기를 신청하는 경우에는 재산상속을 받지 않는 나머지 상속인들의 주소를 증명하는 서면은 제출할 필요가 없다.

정답 ③

087 부동산등기용등록번호에 관한 설명으로 옳은 것은?

① 법인의 등록번호는 주된 사무소 소재지를 관할하는 시장, 군수 또는 구청장이 부여한다.

② 주민등록번호가 없는 재외국민의 등록번호는 대법원 소재지 관할 등기소의 등기관이 부여한다.

③ 외국인의 등록번호는 체류지를 관할하는 시장, 군수 또는 구청장이 부여한다.

④ 법인 아닌 사단의 등록번호는 대표자주소지 관할 등기소의 등기관이 부여한다.

⑤ 국내에 영업소나 사무소의 설치 등기를 하지 아니한 외국법인의 등록번호는 국토교통부장관이 지정·고시한다.

정답 ②

088 매매를 등기원인으로 소유권이전등기를 할 경우 거래가액의 등기에 관한 설명 중 틀린 것은?

① 2006. 1. 1. 이전에 작성된 매매계약서를 등기원인증서로 한 경우에는 거래가액을 등기하지 않는다.

② 등기원인이 매매라 하더라도 등기원인증서가 판결 등 매매계약서가 아닌 때에는 거래가액을 등기하지 않는다.

③ 신고필증상의 부동산이 1개인 경우에는 매도인과 매수인이 각각 복수이더라도 매매목록을 제출할 필요가 없다.

④ 당초의 신청에 착오가 있는 경우 등기된 매매목록을 경정할 수 있다.

⑤ 등기원인증서와 신고필증에 기재된 사항이 서로 달라 동일한 거래라고 인정할 수 없는 등기신청은 각하된다.

정답 ③

089 다음 중 인감증명을 제출할 경우가 아닌 것은?

① 소유권의 등기명의인이 등기의무자로서 등기를 신청하는 경우 등기의무자의 인감 증명

② 소유권에 관한 가등기명의인이 가등기의 말소등기를 신청하는 경우 가등기명의인 의 인감증명

③ 등기신청서에 제3자의 동의 또는 승낙을 증명하는 서면이 공정증서로 첨부하는 경우 그 제3자의 인감증명

④ 등기필증을 분실한 소유권 외의 권리의 등기명의인이 신청서 중 등기의무자의 작 성부분에 관한 공증을 받아 그 부본을 첨부하여 등기를 신청하는 때

⑤ 등기필증을 분실한 소유권 외의 권리의 등기명의인으로부터 위임받았음을 확인하 는 서면을 신청서에 첨부하여 등기를 신청하는 때

정답 ③

090 등기신청의 취하에 관한 설명 중 틀린 것은?

① 등기신청대리인이 등기신청을 취하하는 경우에는 취하에 대한 특별수권이 있어야 한다.

② 등기관이 등기사항에 대하여 등기를 완료하기 전까지 등기신청의 취하가 가능하다.

③ 등기의 공동신청 후 등기권리자 또는 등기의무자는 각각 단독으로 등기신청을 취 하할 수 없다.

④ 동일한 신청서로 수 개의 부동산에 관한 등기신청을 한 경우 일부 부동산에 대한 등기신청을 취하할 수 없다.

⑤ 전자신청을 취하하려면 전자신청과 동일한 방법으로 사용자인증을 받아야 한다.

정답 ④

091 등기신청의 각하 사유가 아닌 것은?

① 공동가등기권자 중 일부의 가등기권자가 자기의 지분만에 관하여 본등기를 신청 한 경우

② 구분건물의 전유부분만에 대하여 하는 저당권설정등기

③ 저당권을 피담보채권과 분리하여 양도하거나, 피담보채권과 분리하여 다른 채권 의 담보로 하는 등기를 신청한 경우

④ 공유지분에 대하여 지상권설정등기

⑤ 법령에 근거가 없는 특약사항의 등기를 신청한 경우

정답 ①

092 등기관의 처분에 대한 이의신청에 관한 내용으로 틀린 것은?

① 이의신청은 새로운 사실이나 새로운 증거방법을 근거로 할 수 있다.

② 상속인이 아닌 자는 상속등기가 위법하다 하여 이의신청을 할 수 없다.

③ 이의신청은 구술이 아닌 서면으로 하여야 하며, 그 기간에는 제한이 없다.

④ 이의에는 집행정지의 효력이 없다.

⑤ 등기신청의 각하결정에 대한 이의신청은 등기관의 각하결정이 부당하다는 사유로 족하다.

정답 ①

093 다음 중에서 미등기토지의 소유권보존등기신청을 할 수 없는 자는?

① 수용으로 인하여 소유권을 취득하였음을 증명하는 자

② 토지대장에 최초의 소유자로서 등록되어 있는 자

③ 확정판결에 의하여 자기의 소유권을 증명하는 자

④ 특별자치도지사, 시장, 군수 또는 구청장(자치구의 구청장을 말한다)의 확인에 의하여 자기의 소유권을 증명하는 자

⑤ 피상속인이 토지대장에 소유자로서 등록되어 있는 것을 증명하는 자

정답 ④

094 토지 또는 건물의 보존등기시 '소유권을 증명하는 판결'과 관련된 내용으로 옳은 것은?

① 소유권을 증명하는 판결은 보존등기신청인의 소유임을 확정하는 내용의 것이어야 하므로, 소유권확인판결에 한한다.

② 건물에 대하여 건축허가명의인을 상대로 한 소유권확인판결은 소유권을 증명하는 판결에 해당한다.

③ 토지대장상 공유인 미등기토지에 대한 공유물분할의 판결은 소유권을 증명하는 판결에 해당한다.

④ 건물에 대하여 국가를 상대로 한 소유권확인판결은 소유권을 증명하는 판결에 해당한다.

⑤ 당해 부동산이 보존등기 신청인의 소유임을 이유로 소유권보존등기의 말소를 명한 판결은 소유권을 증명하는 판결에 해당하지 않는다.

정답 ③

095 소유권에 관한 등기의 설명으로 옳은 것을 모두 고른 것은?

> ㄱ. 등기관이 소유권보존등기를 할 때에는 등기원인의 연월일을 기록한다.
> ㄴ. 등기관이 미등기 부동산에 대하여 법원의 촉탁에 따라 소유권의 처분제한의 등기를 할 때에는 직권으로 소유권보존등기를 한다.
> ㄷ. 등기관이 소유권의 일부에 관한 이전등기를 할 때에는 이전되는 지분을 기록하여야 하고, 그 등기원인에 분할금지약정이 있을 때에는 그 약정에 관한 사항도 기록하여야 한다.

① ㄱ 　　　　　　　　　　② ㄴ
③ ㄱ, ㄴ 　　　　　　　　④ ㄱ, ㄷ
⑤ ㄴ, ㄷ

정답 ⑤

096 진정명의회복등기에 대한 설명 중 틀린 것은?

① 이미 자기 앞으로 소유권을 표상하는 등기가 되어 있었거나 법률의 규정에 의하여 소유권을 취득한 자는 현재의 등기명의인을 상대로 진정명의회복을 등기 원인으로 한 소유권이전등기를 명하는 판결을 받아서 그에 따른 소유권이전등기를 신청할 수 있다.

② 법률의 규정에 의하여 소유권을 취득한 자는 현재의 등기명의인과 공동으로 '진정명의회복'을 등기원인으로 하여 소유권이전등기를 신청 할 수 있다.

③ 진정명의회복을 원인으로 한 소유권이전등기의 경우에도 토지거래허가서나 농지취득자격증명을 첨부하여야 한다.

④ 진정명의회복을 원인으로 한 소유권이전등기를 명하는 판결에 기하여 소유권말소등기를 신청할 수는 없다.

⑤ 진정명의회복등기의 법리는 사해행위취소소송에도 그대로 적용되므로 채권자는 사해행위의 취소로 인한 원상회복의 방법으로 수익자 명의의 등기의 말소를 구하는 대신 수익자를 상대로 채무자 앞으로의 소유권이전등기를 구할 수 있다.

정답 ③

097 유증으로 인한 소유권이전등기에 관한 설명으로 틀린 것은? (다툼이 있으면 판례에 의함)

① 유증에 기한이 붙은 경우에는 그 기한이 도래한 날을 등기원인일자로 기록한다.

② 포괄유증은 수증자 명의의 등기가 없어도 유증의 효력이 발생하는 시점에 물권변동의 효력이 발생한다.

③ 유증으로 인한 소유권이전등기청구권보전의 가등기는 유언자가 생존중인 경우에는 수리하여서는 안 된다.

④ 유증으로 인한 소유권이전등기 신청이 상속인의 유류분을 침해하는 내용이라 하더라도 등기관은 이를 수리하여야 한다.

⑤ 미등기부동산이 특정유증된 경우, 유언집행자는 상속인 명의의 소유권보존등기를 거쳐 유증으로 인한 소유권이전등기를 신청하여야 한다.

정답 ③

098 다음은 환매특약의 등기에 대한 기술이다. 틀린 것은?

① 환매특약의 등기를 신청하는 경우에는 신청서에 매수인이 지급한 대금, 매매비용 및 환매기간을 반드시 기록하여야 한다.

② 환매특약의 등기는 매수인의 권리취득의 등기에 이를 부기한다.

③ 환매특약의 등기는 환매에 의한 권리취득의 등기를 한 때에는 등기관이 직권으로 이를 말소한다.

④ 환매특약의 등기는 매도인이 등기권리자로 매수인이 등기의무자로서 신청하고, 당사자의 특약이 있는 경우에도 제3자를 환매권자로 하는 환매특약의 등기신청은 불가능하다.

⑤ 부동산에 대한 환매기간은 5년을 넘지 못한다.

정답 ①

099 신탁등기에 관한 설명으로 틀린 것은?

① 신탁재산의 처분으로 수탁자가 얻은 부동산이 신탁재산에 속하게 된 경우, 수탁자가 단독으로 신탁등기를 신청할 수 있다.

② 수익자 또는 위탁자는 수탁자를 대위하여 신탁등기를 신청할 수 있다.

③ 수탁자가 여러 명인 경우 등기관은 신탁재산이 합유인 뜻을 등기부에 기록하여야 한다.

④ 등기관이 신탁등기를 할 때에는 신탁원부를 작성하여야 하는데, 이때의 신탁원부는 등기기록의 일부로 본다.

⑤ 농지에 대하여 신탁법상 신탁을 등기원인으로 하여 소유권이전등기를 신청하는 경우, 신탁의 목적에 관계없이 농지취득자격증명을 첨부하여야 한다.

정답 ③

100 수용으로 인한 등기에 관한 설명으로 옳은 것을 모두 고른 것은?

> ㄱ. 수용으로 인한 소유권이전등기는 토지수용위원회의 재결서를 등기원인증서로 첨부하여 사업시행자가 단독으로 신청할 수 있다.
> ㄴ. 수용으로 인한 소유권이전등기신청서에 등기원인은 토지수용으로, 그 연월일은 수용의 재결일이 아닌 '수용개시일'로 기재해야 한다.
> ㄷ. 수용으로 인한 등기신청에는 농지취득자격증명을 첨부할 필요가 없다.
> ㄹ. 등기권리자의 단독신청에 따라 수용으로 인한 소유권이전등기를 하는 경우, 등기관은 그 부동산을 위해 존재하는 지역권의 등기를 직권으로 말소해서는 안 된다.
> ㅁ. 수용으로 인한 소유권이전등기가 된 후 토지수용위원회의 재결이 실효된 경우, 그 소유권이전등기의 말소등기는 원칙적으로 공동신청에 의한다.

① ㄱ, ㄴ, ㄷ   ② ㄱ, ㄷ, ㄹ

③ ㄱ, ㄴ, ㄷ, ㄹ, ㅁ   ④ ㄴ, ㄷ, ㅁ

⑤ ㄴ, ㄹ, ㅁ

정답 ③

📖 반드시 출제되는 가등기 문제 5선

01 가등기에 관한 설명으로 틀린 것은?

① 가등기권리자는 가등기를 명하는 법원의 가처분명령이 있는 경우에는 단독으로 가등기를 신청할 수 있다.

② 근저당권 채권최고액의 변경등기청구권을 보전하기 위해 가등기를 할 수 있다.

③ 가등기를 한 후 본등기의 신청이 있을 때에는 가등기의 순위번호를 사용하여 본등기를 하여야 한다.

④ 임차권설정등기청구권보전 가등기에 의한 본등기를 한 경우 가등기 후 본등기 전에 마쳐진 저당권설정등기는 직권말소의 대상이 아니다.

⑤ 등기관이 소유권이전등기청구권보전 가등기에 의한 본등기를 한 경우, 가등기 후 본등기 전에 마쳐진 해당 가등기상 권리를 목적으로 하는 가처분등기는 직권으로 말소한다.

정답 ⑤

02 가등기에 관한 설명으로 틀린 것은? (다툼이 있으면 판례에 따름)

① 부동산임차권의 이전청구권을 보전하기 위한 가등기는 허용된다.

② 가등기에 기한 본등기를 금지하는 취지의 가처분등기는 할 수 없다.

③ 가등기의무자도 가등기명의인의 승낙을 받아 단독으로 가등기의 말소를 청구할 수 있다.

④ 사인증여로 인하여 발생한 소유권이전등기청구권을 보전하기 위한 가등기는 할 수 있다.

⑤ 甲이 자신의 토지에 대해 乙에게 저당권설정청구권 보전을 위한 가등기를 해준 뒤 丙에게 그 토지에 대해 소유권이전등기를 했더라도 가등기에 기한 본등기 신청의 등기의무자는 甲이다.

정답 ④

03 가등기에 관한 설명으로 틀린 것은? (다툼이 있으면 판례에 따름)

① 소유권보존등기를 위한 가등기는 할 수 없다.

② 소유권이전청구권이 장래에 확정될 것인 경우, 가등기를 할 수 있다.

③ 가등기된 권리의 이전등기가 제3자에게 마쳐진 경우, 그 제3자가 본등기의 권리자가 된다.

④ 가등기권리자가 여럿인 경우, 전원이 본등기를 신청하거나, 일부가 자기지분에 대해서 본등기를 신청할 수 있어도 일부가 전원명의로 본등기를 할 수 없다.

⑤ 가등기권리자가 가등기에 의한 본등기로 소유권이전등기를 하지 않고 별도의 소유권이전등기를 한 경우, 그 가등기 후에 본등기와 저촉되는 중간등기가 없다면 가등기에 의한 본등기를 할 수 없다.

정답 ④

📖 반드시 출제되는 가등기 문제 5선

04 가등기에 관한 설명으로 옳은 것은?

① 소유권이전등기청구권이 정지조건부일 경우, 그 청구권보전을 위한 가등기를 신청할 수 없다.

② 가등기를 명하는 법원의 가처분명령이 있는 경우, 등기관은 법원의 촉탁에 따라 그 가등기를 한다.

③ 가등기신청시 그 가등기로 보전하려고 하는 권리를 신청정보의 내용으로 등기소에 제공할 필요는 없다.

④ 가등기권리자가 가등기를 명하는 가처분명령을 신청할 경우, 가등기의무자의 주소지를 관할하는 지방법원에 신청한다.

⑤ 가등기에 관해 등기상 이해관계 있는 자가 가등기명의인의 승낙을 받은 경우, 단독으로 가등기의 말소를 신청할 수 있다.

정답 ⑤

05 가등기에 관한 설명으로 틀린 것은?

① 가등기권리자는 가등기의무자의 승낙이 있는 경우에 단독으로 가등기를 신청할 수 있다.

② 가등기명의인은 단독으로 가등기의 말소를 신청할 수 있다.

③ 가등기의무자는 가등기명의인의 승낙을 받아 단독으로 가등기의 말소를 신청할 수 있다.

④ 부동산소유권이전의 청구권이 정지조건부인 경우에 그 청구권을 보전하기 위해 가등기를 할 수 있다.

⑤ 가등기를 명하는 가처분명령은 부동산소재지를 관할하는 지방법원이 할 수 있다.

정답 ⑤

합 격을
축하드립니다!

공시법 이 승 현 교수

복습문제

본문의 문제를 하나로 모아
다시 한 번 복습할 수 있도록 하였습니다.

03 복습문제

001 공간정보의 구축 및 관리 등에 관한 법령상 토지의 조사·등록에 관한 설명으로 틀린 것은?

① 국토교통부장관은 모든 토지에 대하여 필지별로 소재·지번·지목·면적·경계 또는 좌표 등을 조사·측량하여 지적공부에 등록하여야 한다.

② 지적공부에 등록하는 지번·지목·면적·경계 또는 좌표는 토지의 이동이 있을 때 토지소유자의 신청을 받아 지적소관청이 결정한다.

③ 지적소관청은 토지의 이동현황을 직권으로 조사·측량하여 토지의 지번·지목·면적·경계 또는 좌표를 결정하려는 때에는 토지이동현황 조사계획을 수립하여 시·도지사 또는 대도시 시장의 승인을 받아야 한다.

④ 지적소관청은 토지이동현황 조사계획에 따라 토지의 이동현황을 조사한 때에는 토지이동 조사부에 토지의 이동현황을 적어야 한다.

⑤ 지적소관청은 토지이동현황 조사결과에 따라 토지의 지번·지목·면적·경계 또는 좌표를 결정한 때에는 이에 따라 지적공부를 정리하여야 한다.

002 공간정보의 구축 및 관리 등에 관한 법령상 용어에 관한 설명으로 틀린 것은?

① '토지의 표시'라 함은 지적공부에 토지의 소재·지번·지목·면적·경계 또는 좌표를 등록한 것을 말한다.

② '지번부여지역'이라 함은 지번을 부여하는 단위지역으로서 동·리 또는 이에 준하는 지역을 말한다.

③ '지목'이라 함은 토지의 지형에 따라 토지의 종류를 구분하여 지적공부에 등록한 것을 말한다.

④ '경계점'이라 함은 지적공부에 등록하는 필지를 구획하는 선의 굴곡점과 경계점좌표등록부에 등록하는 평면직각종횡선수치의 교차점을 말한다.

⑤ '토지의 이동'이라 함은 토지의 표시를 새로이 정하거나 변경 또는 말소하는 것을 말한다.

003 공간정보의 구축 및 관리 등에 관한 법령상 용어의 정의 중 옳은 것은?

① "지적소관청"이라 함은 지적공부를 관리하는 지방자치단체인 시·군·구를 말한다.

② "지목"이라 함은 토지의 주된 형상에 따라 토지의 종류를 구분하여 지적공부에 등록한 것을 말한다.

③ "축척변경"이라 함은 지적도에 등록된 경계점의 정밀도를 높이기 위하여 작은 축척을 큰축척으로 변경하여 등록하는 것을 말한다.

④ "토지의 표시"라 함은 지적공부에 토지의 소재, 지번, 소유자, 면적, 경계 또는 좌표를 등록한 것을 말한다.

⑤ "좌표"라 함은 지적측량기준점 또는 경계점의 위치를 경위도좌표로 표시한 것을 말한다.

004 지적제도와 등기제도의 특성을 비교한 것 중 틀린 것은?

① 지적은 토지에 대한 사실관계를 공시하고, 등기는 권리관계를 공시한다.

② 등록객체는 지적과 등기 모두 토지만을 담당한다.

③ 등록방법으로 지적은 직권등록주의와 단독신청주의를 취하는데, 등기는 당사자신청주의와 공동신청 주의를 취한다.

④ 심사방법으로 지적은 실질적 심사주의를 취하는데, 등기는 형식적 심사주의를 취한다.

⑤ 지적의 담당기관은 행정부인데, 등기는 사법부이다.

005 다음은 토지의 등록단위인 필지에 관한 설명으로 틀린 것은?

① 지번부여지역이란 지번을 부여하는 단위지역으로서 동·리 또는 이에 준하는 지역을 말한다. 이때의 동리는 법정동과 리를 말한다.

② 1필지는 하나의 소유권이 미치는 범위로 구획되므로 소유자가 각각 다른 경우에는 1필지로 획정할 수 없다.

③ 1필지로 등록할 토지의 축척이 서로 다른 축척으로 도면에 등록되어 있을 경우 인위적으로 1필지로 획정할 수 없다.

④ 1필지가 되는 요건을 갖춘 경우 예외적으로 지목이 다른 일정한 경우에는 별개의 필지로 획정되지 않고 주된 지목의 토지에 편입하여 1필지로 할 수 있는데, 이와 같이 주된 용도의 토지에 편입되어 1필지로 획정되는 종된 토지를 양입지라 한다.

⑤ 종된 용도의 토지 지목이 '대(垈)'인 경우에도 양입 할 수 있다.

006 공간정보의 구축 및 관리 등에 관한 법령상 지번의 구성 및 부여방법에 대한 설명으로 옳은 것은?

① 지번은 지적소관청이 지번부여지역별로 남동에서 북서로 순차적으로 부여한다.

② 지번은 아라비아숫자로 표기하되, 임야대장 및 임야도에 등록하는 토지의 지번은 숫자 앞에 "임"자를 붙인다.

③ 지번은 본번과 부번으로 구성하되, 본번과 부번 사이에 "-"또는 "의"로 표시한다.

④ 분할의 경우에는 분할 후의 필지 중 1필지 지번은 분할 전의 지번으로 하고, 나머지 필지의 지번은 본번의 최종 부번의 다음 순번으로 부번을 부여한다.

⑤ 합병의 경우에는 원칙적으로 합번대상 지번 중 후순위의 지번을 그 지번으로 하되, 본번으로 된 지번이 있는 때에는 본번 중 선수위의 지번을 합병 후의 지번으로 한다.

007 다음은 지번에 관한 설명으로 틀린 것은?

① 지번이란 필지에 부여하여 지적공부에 등록한 번호를 말하는데, 이는 별개의 토지로 획정된 필지를 구별하여 특정할 수 있도록 개개의 필지마다 부여하는 숫자이다.

② 지번은 아라비아숫자로 표기하되, 임야대장 및 임야도에 등록하는 토지의 지번은 숫자 뒤에 "산"자를 붙인다.

③ 지번은 본번과 부번으로 구성하되, 본번과 부번 사이에 "-"표시로 연결한다. 이 경우 "-"표시는 "의"라고 읽는다.

④ 지번은 지적소관청이 지번부여지역별로 차례대로 북서에서 남동으로 순차적으로 부여한다.

⑤ 신규등록의 경우에는 그 지번부여지역에서 인접토지의 본번에 부번을 붙여서 지번을 부여함이 원칙이다.

008 다음은 지적확정측량을 실시한 지역의 각 필지에 지번부여방법에 관한 설명으로 틀린 것은?

① 도시개발사업 등이 완료됨에 따라 지적확정측량을 실시한 지역의 각 필지에 지번을 새로 부여하는 경우에는 원칙적으로 부번으로 부여한다.

② 부여할 수 있는 종전 지번의 수가 새로 부여할 지번의 수보다 적을 때에는 블록 단위로 하나의 본번을 부여한 후 필지별로 부번을 부여할 수 있다.

③ 부여할 수 있는 종전 지번의 수가 새로 부여할 지번의 수보다 적을 때에 그 지번부여지역의 최종 본번 다음 순번부터 본번으로 하여 차례로 지번을 부여할 수 있다.

④ 지적확정측량을 실시한 지역의 종전의 지번과 지적확정측량을 실시한 지역 밖에 있는 본번이 같은 지번이 있을 때에는 그 지번을 제외한 본번으로 부여한다.

⑤ 지적확정측량을 실시한 지역의 경계에 걸쳐 있는 지번은 제외하고 본번으로 부여한다.

009 지번의 변경에 관한 설명으로 틀린 것은?

① 지번부여지역 내의 일부 또는 전부의 지번이 순차적으로 설정되어 있지 아니한 때에 한다.

② 토지소유자의 이의가 없어야 한다.

③ 시·도지사의 승인을 얻어야 한다.

④ 지적확정측량을 실시한 지역의 지번부여 방법이 준용된다.

⑤ 지번을 다시 정하는 것을 의미한다.

010 다음 중 결번이 발생하지 않는 경우는?

① 행정구역변경　　　　　　② 도시개발사업

③ 토지 분할　　　　　　　　④ 지번변경

⑤ 축척변경

011 지목의 설정에 대한 다음의 설명 중 틀린 것은?

① 실외에 기능교육장을 갖춘 자동차운전학원의 부지는 "잡종지"로 한다.

② 경부고속철도와 접속하여 민간자본으로 건축된 역사(驛舍)의 부지는 "대"로 한다.

③ 일반공중의 위락 · 휴양 등에 적합한 시설물을 종합적으로 갖춘 어린이놀이터는 "유원지"로 한다.

④ 주차장법 제19조 제4항의 규정에 의하여 시설물의 부지 인근에 설치된 부설주차장은 "주차장"으로 한다.

⑤ 육상에 수상생물 양식을 위하여 인공적으로 설치한 시설물의 부지는 "양어장"으로 한다.

012 공간정보의 구축 및 관리 등에 관한 법령상 지목의 구분에 관한 설명으로 옳은 것은?

① 물을 정수하여 공급하기 위한 취수 · 저수 · 도수(導水) · 정수 · 송수 및 배수 시설의 부지 및 이에 접속된 부속시설물의 부지 지목은 "수도용지"로 한다.

② 「산업집적활성화 및 공장설립에 관한 법률」등 관계 법령에 따른 공장부지 조성공사가 준공된 토지의 지목은 "공장용지"로 한다.

③ 물이 고이거나 상시적으로 물을 저장하고 있는 댐 · 저수지 · 소류지(沼溜地) 등의 토지와 연 · 왕골 등이 자생하는 토지의 지목은 "유지"로 한다.

④ 물을 상시적으로 이용하지 않고 곡물 · 원예작물(과수류 포함) 등의 식물을 주로 재배하는 토지와 죽림지의 지목은 "전"으로 한다.

⑤ 학교용지 · 공원 등 다른 지목으로 된 토지에 있는 유적 · 고적 · 기념물 등을 보호하기 위하여 구획된 토지의 지목은 "사적지"로 한다.

013 지적공부에 등록하는 지목에 대한 설명 중 틀린 것은?

① 지목의 설정방법은 지목법정주의, 일필일지목의 원칙, 주용도추종의 원칙, 등록선후의 원칙, 일시적 또는 임시적 용도불변의 원칙 등을 적용한다.

② 토지조사사업 당시 최초 지목은 18개로 구분하였으며, 현행 법정지목은 28개로 구분한다.

③ 지목은 토성지목, 지형지목, 용도지목으로 분류되며, 우리나라 법정지목은 토지의 주된 용도에 따른 용도지목이다.

④ 소방관계법규에 의거 설치된 위험물이동탱크 저장시설부지의 지목은 주유소용지이다.

⑤ 종교단체 법인설립허가 여부와 관계없이 종교집회장이나 수도장을 건축하여 사용 · 승인된 경우의 지목은 종교용지이다.

014 다음 지적도면에 표기된 지목의 부호에 관한 설명으로 <u>틀린</u> 것은?

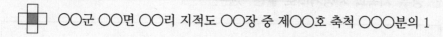

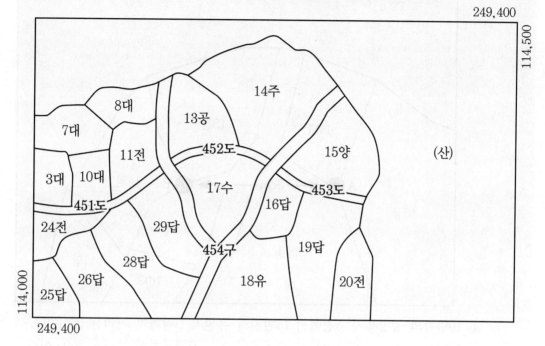

① 지번 13의 지목은 "공원"이다.
② 지번 14의 지목은 "주차장"이다.
③ 지번 15의 지목은 "양어장"이다.
④ 지번 17의 지목은 "수도용지"이다.
⑤ 지번 18의 지목은 "유지"이다.

015 축척 1/1200인 아래 지적 도면에서 10번지의 A점과 15번지 B점의 도면상 직선거리가 3cm인 경우 지목과 지상거리로 옳은 것은?

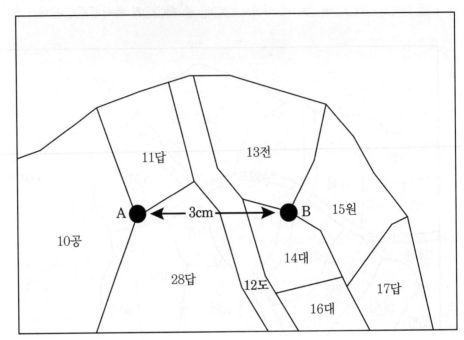

① 10번지의 공장용지 A점에서 15번지의 유원지 B점까지 거리는 36m이다.
② 10번지의 공장용지 A점에서 15번지의 공원 B점까지의 거리는 360m이다.
③ 10번지의 공원 A점에서 15번지의 공장용지 B점까지 거리는 360m이다.
④ 10번지의 공원 A점에서 15번지의 유원지 B점까지 거리는 360m이다.
⑤ 10번지의 공원 A점에서 15번지의 유원지 B점까지 거리는 36m이다.

016 분할에 따른 지상경계는 지상건축물을 걸리게 결정해서는 아니 됨이 원칙이나, 예외적으로 지상건축물을 걸리게 결정할 수 있다. 이에 해당하지 않는 경우는?

① 법원의 확정판결이 있는 경우
② 공공사업 등에 따라 학교용지·도로·철도용지·제방·하천·구거·유지·수도용지 등의 지목으로 되는 토지인 경우에 해당 사업의 시행자가 토지를 취득하기 위하여 분할하려는 경우
③ 「도시개발법」에 따른 도시개발사업, 「농어촌정비법」에 따른 농어촌정비사업, 그 밖에 대통령령으로 정하는 토지개발사업의 사업시행자가 사업지구의 경계를 결정하기 위하여 토지를 분할하려는 경우
④ 「국토의 계획 및 이용에 관한 법률」에 따른 도시관리계획 결정고시와 지형도면 고시가 된 지역의 도시관리계획선에 따라 토지를 분할하려는 경우
⑤ 소유권이전, 매매 등을 위하여 필요한 경우

017 토지에 대한 지상경계를 새로이 결정하고자 하는 경우의 기준으로 틀린 것은? (단, 지상경계의 구획을 형성하는 구조물 등의 소유자가 다른 경우는 제외)

① 연접되는 토지사이에 고저가 없는 경우에는 그 구조물 등의 중앙
② 연접되는 토지사이에 고저가 있는 경우에는 그 구조물 등의 하단부
③ 공유수면매립지의 토지 중 제방 등을 토지에 편입하여 등록하는 경우에는 안쪽 하단 부분
④ 토지가 해면 또는 수면에 접하는 경우에는 최대만조위 또는 최대만수위가 되는 선
⑤ 도로·구거 등의 토지에 절토된 부분이 있는 경우에는 그 경사면의 상단부

018 면적에 관한 설명 중 틀린 것은?

① '면적'이란 지적공부에 등록한 필지의 수평면상의 넓이를 의미하기 때문에 경사를 이루고 있는 토지는 실제 지표상의 면적이 지적공부에 등록된 면적보다 넓게 된다.
② 면적의 단위는 제곱미터로 하기 때문에 지적공부에 등록하는 토지의 면적은 과거의 척관법상의 평이나 보를 쓰지 못하고 미터단위인 m²를 사용하게 된다.
③ 경계복원측량과 지적현황측량을 하는 경우에는 원칙적으로 필지마다 면적을 측정하지 아니한다.
④ 토지를 합병하는 경우에는 면적 측정이 필요하다.
⑤ 지적공부의 복구·신규등록·등록전환·분할 및 축척변경을 하는 경우에는 면적을 측정한다.

019 축척 500분의 1인 지적도에 신규등록할 토지의 면적 측정결과 330.55m²가 산출되었다. 이 경우 토지대장에 등록할 면적은?

① 330m²　② 331m²
③ 330.6m²　④ 330.55m²
⑤ 330.5m²

020 경계점좌표등록부의 토지면적 측정결과 430.55m²가 산출되었다. 이 경우 토지대장에 등록할 면적은?

① 430.6m²　② 430m²
③ 431m²　④ 430.5m²
⑤ 430.55m²

021 공간정보의 구축 및 관리 등에 관한 법령상 지적공부와 등록사항의 연결이 틀린 것은?

① 토지대장 – 토지의 소재, 토지의 고유번호
② 임야대장 – 지번, 개별공시지가와 그 기준일
③ 지적도 – 경계, 건축물 및 구조물 등의 위치
④ 공유지연명부 – 소유권 지분, 전유부분의 건물표시
⑤ 대지권등록부 – 대지권 비율, 건물의 명칭

022 공간정보의 구축 및 관리 등에 관한 법령상 지적공부와 등록사항의 연결이 옳은 것은?

① 토지대장 – 경계와 면적
② 임야대장 – 건축물 및 구조물 등의 위치
③ 공유지연명부 – 소유권 지분과 토지의 이동사유
④ 대지권등록부 – 대지권 비율과 지목
⑤ 토지대장·임야대장·공유지연명부·대지권등록부 – 토지소유자가 변경된 날과 그 원인

023 공유지연명부의 등록사항이 아닌 것은?

① 소유권 지분
② 토지의 소재
③ 대지권 비율
④ 토지의 고유번호
⑤ 토지소유자가 변경된 날과 그 원인

024 대지권등록부의 등록사항으로만 나열된 것은?

① 토지의 소재·지번·지목, 전유부분의 건물표시
② 대지권 비율, 소유권 지분, 건물명칭, 개별공시지가
③ 집합건물별 대지권등록부의 장번호, 토지의 이동사유, 대지권 비율, 지번
④ 건물명칭, 대지권 비율, 소유권 지분, 토지의 고유번호
⑤ 지번, 대지권 비율, 소유권 지분, 도면번호

025 지적도 및 임야도의 등록사항만으로 나열된 것은?

① 토지의 소재, 지번, 건축물의 번호, 삼각점 및 지적기준점의 위치, 면적

② 지번, 경계, 건축물 및 구조물 등의 위치, 삼각점 및 지적기준점의 위치

③ 토지의 소재, 지번, 토지의 고유번호, 삼각점 및 지적기준점의 위치

④ 지목, 부호 및 부호도, 도곽선과 그 수치, 토지의 고유번호

⑤ 지목, 도곽선과 그 수치, 토지의 고유번호, 건축물 및 구조물 등의 위치

026 지적공부의 열람 및 등본교부 등에 관한 설명으로 틀린 것은?

① 지적공부를 열람하거나 그 등본을 교부받고자 하는 자는 지적공부열람·등본교부 신청서를 지적소관청에 제출하여야 한다.

② 지적공부를 열람하거나 그 등본을 교부받고자 하는 자는 열람 및 등본교부 수수료를 그 지방자치단체의 수입인지로 지적소관청에 납부하여야 한다.

③ 지적측량업무에 종사하는 지적기술자가 그 업무와 관련하여 지적공부를 열람하는 경우 그 수수료를 면제한다.

④ 국토교통부장관은 정보통신망을 이용하여 전자화폐·전자결제 등의 방법으로 지적공부의 열람 및 등본교부 수수료를 납부하게 할 수 있다.

⑤ 정보처리시스템을 통하여 기록·저장된 지적공부(지적도 및 임야도는 제외한다)를 열람하거나 그 등본을 발급받으려는 경우에는 특별자치시장, 시장·군수 또는 구청장이나 읍·면·동의 장에게 신청할 수 있다.

027 지적공부의 효율적인 관리 및 활용을 위하여 지적정보 전담 관리기구를 설치·운영하는 자는?

① 읍·면·동장   ② 지적소관청

③ 시·도지사   ④ 행정안전부장관

⑤ 국토교통부장관

028 부동산종합공부에 대한 설명으로 틀린 것은?

① 지적소관청은 부동산의 효율적 이용과 부동산과 관련된 장부의 종합적 관리·운영을 위하여 부동산종합공부를 관리·운영한다.

② 지적소관청은 부동산종합공부를 영구히 보존하여야 하며, 멸실 또는 훼손에 대비하여 이를 별도로 복제하여 관리하는 정보관리체계를 구축하여야 한다.

③ 지적소관청은 부동산종합공부의 불일치 등록사항에 대하여는 등록사항을 정정하고, 등록사항을 관리하는 기관의 장에게 그 내용을 통지하여야 한다.

④ 지적소관청은 부동산종합공부의 정확한 등록 및 관리를 위하여 필요한 경우에는 부동산종합공부의 등록사항을 관리하는 기관의 장에게 관련 자료의 제출을 요구할 수 있다.

⑤ 부동산종합공부의 등록사항을 관리하는 기관의 장은 지적소관청에 상시적으로 관련 정보를 제공하여야 한다.

029 공간정보의 구축 및 관리 등에 관한 법령상 부동산종합공부에 관한 설명으로 틀린 것은?

① 부동산종합공부를 열람하거나 부동산종합공부 기록사항의 전부 또는 일부에 관한 증명서를 발급받으려는 자는 지적소관청이나 읍·면·동의 장에게 신청할 수 있다.

② 지적소관청은 부동산종합공부의 등록사항정정을 위하여 등록사항 상호 간에 일치하지 아니하는 사항을 확인 및 관리하여야 한다.

③ 토지소유자는 부동산종합공부의 토지의 표시에 관한 사항(「공간정보의 구축 및 관리 등에 관한 법률」에 따른 지적공부의 내용)의 등록사항에 잘못이 있음을 발견하면 지적소관청이나 읍·면·동의 장에게 그 정정을 신청할 수 있다.

④ 토지의 이용 및 규제에 관한 사항(「토지이용규제 기본법」제10조에 따른 토지이용계획확인서의 내용)은 부동산종합공부의 등록사항이다.

⑤ 지적소관청은 부동산종합공부의 등록사항 중 등록사항 상호 간에 일치하지 아니하는 사항에 대해서는 등록사항을 관리하는 기관의 장에게 그 내용을 통지하여 등록사항정정을 요청할 수 있다.

030 측량·수로조사 및 지적에 관한 법령상 지적공부의 복구자료가 아닌 것은?

① 토지이용계획확인서

② 측량 결과도

③ 토지이동정리 결의서

④ 지적공부의 등본

⑤ 법원의 확정판결서 정본 또는 사본

031 **신규등록에 관한 설명 중 틀린 것은?**

① '신규등록'이라 함은 새로이 조성된 토지 및 등록이 누락되어 있는 토지를 지적공부에 등록하는 것을 말한다.

② 신규등록할 토지가 있는 때에는 60일 이내 지적소관청에 신청하여야 한다.

③ 토지소유자의 신청에 의하여 신규등록을 한 경우 지적소관청은 토지표시에 관한 사항을 지체없이 등기관서에 그 등기를 촉탁하여야 한다.

④ 공유수면매립에 의거 신규등록을 신청하는 때에는 신규등록사유를 기재한 신청서에 공유수면매립법에 의한 준공인가필증 사본을 첨부하여 지적소관청에 제출하여야 한다.

⑤ 신규등록 신청시 첨부해야 하는 서류를 그 지적소관청이 관리하는 경우에는 지적소관청의 확인으로써 그 서류의 제출에 갈음할 수 있다.

032 **등록전환에 관한 설명으로 틀린 것은?**

① 토지소유자는 등록전환할 토지가 있으면 그 사유가 발생한 날부터 60일 이내에 지적소관청에 등록전환을 신청하여야 한다.

② 산지관리법, 건축법 등 관계 법령에 따른 개발행위 허가 등을 받은 경우에는 지목변경과 관계없이 등록전환을 신청할 수 있다.

③ 임야도에 등록된 토지가 사실상 형질변경되었으나 지목변경을 할 수 없는 경우에는 등록전환을 신청할 수 있다.

④ 등록전환에 따른 면적을 정할 때 임야대장의 면적과 등록전환될 면적의 차이가 오차의 허용범위 이내인 경우, 임야대장의 면적을 등록전환 면적으로 결정한다.

⑤ 지적소관청은 등록전환에 따라 지적공부를 정리한 경우, 지체 없이 관할 등기관서에 토지의 표시 변경에 관한 등기를 촉탁하여야 한다.

033 **甲 소유의 토지 300m²의 일부를 乙에게 매도하기 위하여 분할하고자 하는 경우에 관한 설명으로 틀린 것은?**

① 甲이 분할을 위한 측량을 의뢰하고자 하는 경우 지적측량수행자에게 하여야 한다.

② 매도할 토지가 분할허가 대상인 경우에는 甲이 분할사유를 기재한 신청서에 허가서 사본을 첨부하여야 한다.

③ 분할측량을 하는 때에는 분할되는 필지마다 면적을 측정하지 않아도 된다.

④ 분할에 따른 지상경계는 지상건축물을 걸리게 결정하지 않는 것이 원칙이다.

⑤ 분할측량을 하고자 하는 경우에는 지상경계점에 경계점표지를 설치한 후 측량할 수 있다.

034 공간정보의 구축 및 관리 등에 관한 법령상 합병신청을 할 수 없는 경우이다. 틀린 것은?

① 합병하려는 토지의 지번부여지역, 지목 또는 소유자가 서로 다른 경우
② 합병하려는 각 필지의 지반이 연속되지 아니한 경우
③ 합병하려는 토지의 소유자별 공유지분이 같은 경우
④ 합병하려는 토지의 지적도 및 임야도의 축척이 서로 다른 경우
⑤ 합병하려는 토지가 등기된 토지와 등기되지 아니한 토지인 경우

035 지목변경 신청에 관한 설명으로 틀린 것은?

① 토지소유자는 지목변경을 할 토지가 있으면 그 사유가 발생한 날부터 60일 이내에 지적소관청에 지목변경을 신청 하여야 한다.
② 「국토의 계획 및 이용에 관한 법률」등 관계 법령에 따른 토지의 형질변경 등의 공사가 준공된 경우에는 지목변경을 신청할 수 있다.
③ 전·답·과수원 상호간의 지목변경을 신청하는 경우에는 토지의 용도가 변경되었음을 증명하는 서류의 사본첨부를 생략할 수 있다.
④ 지목변경 신청에 따른 첨부서류를 해당 지적소관청이 관리하는 경우에는 시·도지사의 확인으로 그 서류의 제출을 갈음할 수 있다.
⑤ 「도시개발법」에 따른 도시개발사업의 원활한 추진을 위하여 사업시행자가 공사 준공 전에 토지의 합병을 신청하는 경우에는 지목변경을 신청할 수 있다.

036 공간정보의 구축 및 관리 등에 관한 법령상 지적공부에 등록된 토지가 지형의 변화 등으로 바다로 된 토지의 등록말소 및 회복 등에 관한 설명으로 틀린 것은?

① 지적소관청은 지적공부에 등록된 토지가 지형의 변화 등으로 바다로 된 경우로서 원상(原狀)으로 회복될 수 없는 경우에는 지적공부에 등록된 토지소유자에게 지적공부의 등록말소 신청을 하도록 통지하여야 한다.
② 지적소관청은 바다로 된 토지의 등록말소 신청에 의하여 토지의 표시 변경에 관한 등기를 할 필요가 있는 경우에는 지체 없이 관할 등기관서에 그 등기를 촉탁하여야 한다.
③ 지적소관청이 직권으로 지적공부의 등록사항을 말소한 후 지형의 변화 등으로 다시 토지가 된 경우에 토지로 회복등록을 하려면 그 지적측량성과 및 등록말소 당시의 지적공부 등 관계 자료에 따라야 한다.
④ 지적소관청으로부터 지적공부의 등록말소 신청을 하도록 토지를 받은 토지소유자가 통지를 받은 날부터 60일 이내에 등록말소 신청을 하지 아니하면, 지적소관청은 직권으로 그 지적공부의 등록사항을 말소하여야 한다.
⑤ 지적소관청이 직권으로 지적공부의 등록사항을 말소하거나 회복등록하였을 때에는 그 정리 결과를 토지소유자 및 해당 공유수면의 관리청에 통지하여야 한다.

037 축척변경에 관한 설명으로 틀린 것은?

① 청산금의 납부 및 지급이 완료된 때에는 지적소관청은 지체 없이 축척변경의 확정 공고를 하여야 하며, 확정공고일에 토지의 이동이 있는 것으로 본다.

② 청산금의 납부고지 또는 수령통지된 청산금에 관하여 이의가 있는 자는 납부고지 또는 수령통지를 받은 날부터 60일 이내에 지적소관청에 이의신청을 할 수 있다.

③ 축척변경시행지역 안의 토지 소유자 또는 점유자는 시행공고가 있는 날부터 30일 이내에 시행공고일 현재 점유하고 있는 경계에 경계점표지를 설치하여야 한다.

④ 지적소관청은 청산금의 결정을 공고한 날부터 20일 이내에 토지소유자에게 청산 금의 납부고지 또는 수령통지를 하여야 한다.

⑤ 청산금의 납부고지를 받은 자는 그 고지를 받은 날부터 6월 이내에 청산금을 지적 소관청에 납부하여야 한다.

038 축척변경위원회의 구성 및 기능에 관한 사항으로 틀린 것은?

① 축척변경위원회는 위원의 3분의 1 이상을 토지소유자로 하여야 한다.

② 축척변경위원회는 축척변경시행계획에 관한 사항을 심의·의결한다.

③ 축척변경위원회는 5인 이상 10인 이내의 위원으로 구성한다.

④ 축척변경위원회는 청산금의 산정에 관한 사항을 심의·의결한다.

⑤ 축척변경위원회는 청산금의 이의신청에 관한 사항을 심의·의결한다.

039 지적공부의 등록사항정정에 관한 설명으로 틀린 것은?

① 지적도 및 임야도에 등록된 필지가 면적의 증감 없이 경계의 위치만 잘못 등록된 경우 소관청이 직권으로 조사·측량하여 정정할 수 있다.

② 토지소유자가 경계 또는 면적의 변경을 가져오는 등록사항에 대한 정정신청을 하 는 때에는 정정사유를 기재한 신청서에 등록사항정정측량성과도를 첨부하여 소관 청에 제출하여야 한다.

③ 등록사항정정대상토지에 대한 대장을 열람하게 하거나 등본을 발급하는 때에는 '등록사항정정대상토지'라고 기재한 부분을 흑백의 반전으로 표시하거나 붉은색 으로 기재하여야 한다.

④ 등기된 토지의 지적공부 등록사항정정 내용이 토지의 표시에 관한 사항인 경우 등 기필증, 등기부등·초본 또는 등기관서에서 제공한 등기전산정보자료에 의하여 정정하여야 한다.

⑤ 등록사항정정 신청사항이 미등기 토지의 소유자 성명에 관한 사항으로서 명백히 잘못 기재된 경우에는 가족관계 기록사항에 관한 증명서에 의하여 정정할 수 있다.

040 토지의 이동신청 및 지적정리 등에 관한 설명으로 틀린 것은?

① 합병하고자 하는 토지의 소유자별 공유지분이 다르거나 소유자의 주소가 서로 다른 경우 토지소유자는 합병을 신청할 수 없다.

② 소유권이전과 매매 그리고 토지이용상 불합리한 지상경계를 시정하기 위한 경우 토지소유자는 분할을 신청할 수 있다.

③ 국토의 계획 및 이용에 관한 법률 등 관계법령에 의한 토지의 형질변경 등의 공사가 준공된 경우 토지소유자는 지목변경을 신청할 수 있다.

④ 지적공부의 등록사항이 토지이동정리결의서의 내용과 다르게 정리된 경우 지적소관청이 직권으로 조사·측량하여 정정할 수 없다.

⑤ 바다로 되어 등록이 말소된 토지가 지형의 변화 등으로 다시 토지로 된 경우 지적소관청은 회복등록을 할 수 있다.

041 지적측량에 관한 설명으로 틀린 것은?

① 토지소유자 등 이해관계인은 지적측량을 하여야 할 필요가 있는 때에는 지적측량수행자에게 해당 지적측량을 의뢰할 수 있다.

② 지적측량은 기초측량 및 세부측량으로 구분한다.

③ 검사측량을 제외한 지적측량을 의뢰하고자 하는 자는 지적측량의뢰서에 의뢰사유를 증명하는 서류를 첨부하여 지적측량수행자에게 제출하여야 한다.

④ 지적측량수행자는 지적측량의뢰를 받은 때에는 측량기간·측량일자 및 측량수수료 등을 기재한 지적측량수행계획서를 그 다음날까지 지적소관청에 제출하여야 한다.

⑤ 신규등록·등록전환 및 합병 등을 하는 때에는 새로이 측량하여 각 필지의 경계 또는 좌표와 면적을 정한다.

042 지적측량에 관한 설명으로 틀린 것은?

① 지적현황측량은 지상건축물 등의 현황을 지적도면에 등록된 경계와 대비하여 표시하기 위해 실시하는 측량을 말한다.

② 지적측량수행자는 지적측량 의뢰가 있는 경우 지적측량을 실시하여 그 측량성과를 결정하여야 한다.

③ 지적측량수행자가 경계복원측량을 실시한 때에는 시·도지사 또는 소관청에게 측량성과에 대한 검사를 받아야 한다.

④ 지적측량은 기초측량 및 세부측량으로 구분하며, 측판측량·전자평판측량·경위의측량·전파기 또는 광파기측량·사진측량 및 위성측량 등의 방법에 의한다.

⑤ 지적측량은 토지를 지적공부에 등록하거나 지적공부에 등록된 경계점을 지상에 복원할 목적으로 소관청 또는 지적측량수행자가 각 필지의 경계 또는 좌표와 면적을 정하는 측량으로 한다.

043 공간정보의 구축 및 관리 등에 관한 법령상 지적측량의 적부심사 등에 관한 설명으로 옳은 것은?

① 지적측량 적부심사청구를 받은 지적소관청은 60일 이내에 다툼이 되는 지적측량의 경위 및 그 성과, 해당 토지에 대한 토지이동 및 소유권 변동 연혁, 해당 토지 주변의 측량기준점, 경계, 주요 구조물 등 현황 실측도를 조사하여 지방지적위원회에 회부하여야 한다.

② 지적측량 적부심사청구를 회부받은 지방지적위원회는 부득이한 경우가 아닌 경우 그 심사청구를 회부받은 날부터 90일 이내에 심의·의결하여야 한다.

③ 지방지적위원회는 부득이한 경우에 심의기간을 해당 지적위원회의 의결을 거쳐 60일 이내에서 한 번만 연장할 수 있다.

④ 시·도지사는 지방지적위원회의 지적측량 적부심사 의결서를 받은 날부터 7일 이내에 지적측량 적부심사 청구인 및 이해관계인에게 그 의결서를 통지하여야 한다.

⑤ 의결서를 받은 자가 지방지적위원회의 의결에 불복하는 경우에는 그 의결서를 받은 날부터 90일 이내에 시·도지사를 거쳐 중앙지적위원회에 재심사를 청구할 수 있다.

044 공간정보의 구축 및 관리 등에 관한 법령상 지적소관청이 축척변경 시행공고를 할 때 공고하여야 할 사항으로 틀린 것은?

① 축척변경의 목적, 시행지역 및 시행기간
② 축척변경의 시행에 관한 세부계획
③ 축척변경의 시행자 선정 및 평가방법
④ 축척변경의 시행에 따른 청산방법
⑤ 축척변경의 시행에 따른 토지소유자 등의 협조에 관한 사항

045 공간정보의 구축 및 관리 등에 관한 법령상 축척변경위원회의 구성과 회의 등에 관한 설명으로 옳은 것을 모두 고른 것은?

> ㄱ. 축척변경위원회의 회의는 위원장을 포함한 재적위원 과반수의 출석으로 개의(開議)하고, 출석위원 과반수의 찬성으로 의결한다.
> ㄴ. 축척변경위원회는 5명 이상 15명 이하의 위원으로 구성하되, 위원의 3분의 2 이상을 토지소유자로 하여야 한다. 이 경우 그 축척변경 시행지역의 토지소유자가 5명 이하일 때에는 토지소유자 전원을 위원으로 위촉하여야 한다.
> ㄷ. 위원은 해당 축척변경 시행지역의 토지소유자로서 지역 사정에 정통한 사람과 지적에 관한 전문지식을 가진 사람 중에서 지적소관청이 위촉한다.

① ㄱ   ② ㄴ
③ ㄱ, ㄷ   ④ ㄴ, ㄷ
⑤ ㄱ, ㄴ, ㄷ

046 공간정보의 구축 및 관리 등에 관한 법령상 축척변경에 관한 설명으로 틀린 것은? (단, 축척변경위원회의 의결 및 시·도지사 또는 대도시 시장의 승인을 받는 경우에 한함)

① 지적소관청은 하나의 지번부여지역에 서로 다른 축척의 지적도가 있는 경우에는 토지소유자의 신청 또는 지적소관청의 직권으로 일정한 지역을 정하여 그 지역의 축척을 변경할 수 있다.
② 축척변경을 신청하는 토지소유자는 축척변경 사유를 적은 신청서에 토지소유자 3분의 2 이상의 동의서를 첨부하여 지적소관청에 제출하여야 한다.
③ 축척변경 시행지역의 토지소유자 또는 점유자는 시행공고가 된 날부터 30일 이내에 시행공고일 현재 점유하고 있는 경계에 경계점표지를 설치하여야 한다.
④ 축척변경에 따른 청산금의 납부고지를 받은 자는 그 고지를 받은 날부터 3개월 이내에 청산금을 지적소관청에 내야 한다.
⑤ 축척변경에 따른 청산금의 납부 및 지급이 완료되었을 때에는 지적소관청은 지체없이 축척변경의 확정공고를 하고 확정된 사항을 지적공부에 등록하여야 한다.

047 공간정보의 구축 및 관리 등에 관한 법령상 토지의 이동 신청 및 지적정리 등에 관한 설명이다. ( ) 안에 들어갈 내용으로 옳은 것은?

> 지적소관청은 토지의 표시가 잘못되었음을 발견하였을 때에는 (ㄱ) 등록사항정정에 필요한 서류와 등록사항정정 측량성과도를 작성하고, 「공간정보의 구축 및 관리 등에 관한 법률 시행령」제84조제2항에 따라 토지이동정리 결의서를 작성한 후 대장의 사유란에 (ㄴ)라고 적고, 토지소유자에게 등록사항정정 신청을 할 수 있도록 그 사유를 통지하여야 한다.

① ㄱ: 지체 없이, ㄴ: 등록사항정정 대상토지
② ㄱ: 지체 없이, ㄴ: 지적불부합 토지
③ ㄱ: 7일 이내, ㄴ: 토지표시정정 대상토지
④ ㄱ: 30일 이내, ㄴ: 지적불부합 토지
⑤ ㄱ: 30일 이내, ㄴ: 등록사항정정 대상토지

048 다음은 공간정보의 구축 및 관리 등에 관한 법령상 등록사항 정정 대상토지에 대한 대장의 열람 또는 등본의 발급에 관한 설명이다. ( )에 들어갈 내용으로 옳은 것은?

> 지적소관청은 등록사항 정정 대상토지에 대한 대장을 열람하게 하거나 등본을 발급하는 때에는 (ㄱ)라고 적은 부분을 흑백의 반전(反轉)으로 표시하거나 (ㄴ)(으)로 적어야 한다.

① ㄱ: 지적불부합지, ㄴ: 붉은색
② ㄱ: 지적불부합지, ㄴ: 굵은 고딕체
③ ㄱ: 지적불부합지, ㄴ: 담당자의 자필(自筆)
④ ㄱ: 등록사항 정정 대상토지, ㄴ: 붉은색
⑤ ㄱ: 등록사항 정정 대상토지, ㄴ: 굵은 고딕체

049 공간정보의 구축 및 관리 등에 관한 법령상 지적기준점성과와 지적기준점성과의 열람 및 등본 발급 신청기관의 연결이 옳은 것은?

① 지적삼각점성과 − 시·도지사 또는 지적소관청
② 지적삼각보조점성과 − 시·도지사 또는 지적소관청
③ 지적삼각보조점성과 − 지적소관청 또는 한국국토정보공사
④ 지적도근점성과 − 시·도지사 또는 한국국토정보공사
⑤ 지적도근점성과 − 지적소관청 또는 한국국토정보공사

050 다음은 지적측량의 기간에 관한 내용이다. (   )에 들어갈 내용으로 옳은 것은?

> 지적측량의 측량기간은 (㉠)로 하며, 측량검사기간은 (㉡)로 한다. 다만, 지적기준
> 점을 설치하여 측량 또는 측량검사를 하는 경우 지적기준점이 15점 이하인 경우에는
> 4일을, 15점을 초과하는 경우에는 4일에 15점을 초과하는 (㉢)마다 1일을 가산한다.
> 이와 같은 기준에도 불구하고, 지적측량 의뢰인과 지적측량수행자가 서로 합의하여
> 따로 기간을 정하는 경우에는 그 기간에 따르되, 전체 기간의 (㉣)은 측량기간으로,
> 전체 기간의 (㉤)은(는) 측량검사기간으로 본다.

① ㉠ 4일, ㉡ 3일, ㉢ 5점, ㉣ 4분의 3, ㉤ 4분의 1
② ㉠ 4일, ㉡ 3일, ㉢ 4점, ㉣ 5분의 3, ㉤ 5분의 2
③ ㉠ 5일, ㉡ 4일, ㉢ 4점, ㉣ 4분의 3, ㉤ 4분의 1
④ ㉠ 5일, ㉡ 4일, ㉢ 4점, ㉣ 5분의 3, ㉤ 5분의 2
⑤ ㉠ 5일, ㉡ 4일, ㉢ 5점, ㉣ 5분의 3, ㉤ 5분의 2

부동산등기법

051 등기사무에 관하여 옳은 것을 모두 고른 것은?

> ㄱ. 법인 아닌 사단은 전자신청을 할 수 없다.
> ㄴ. 등기신청의 각하결정에 대해 제3자는 이의신청을 할 수 없다.
> ㄷ. 공동상속인 중 일부가 자신의 상속지분만에 대한 상속등기를 신청한 경우는 각하
> 　　사유에 해당한다.
> ㄹ. 여러명의 가등기권리자 중 1인은 자기지분에 관하여만 본등기 신청할 수 있다.

① ㄱ, ㄷ   ② ㄴ, ㄹ
③ ㄱ, ㄴ, ㄷ   ④ ㄴ, ㄷ, ㄹ
⑤ ㄱ, ㄴ, ㄷ, ㄹ

052 부동산등기에 관한 설명으로 틀린 것은?

① 건물소유권의 공유지분 일부에 대하여는 전세권설정등기를 할 수 없다.

② 구분건물에 대하여는 전유부분마다 부동산고유번호를 부여한다.

③ 폐쇄한 등기기록에 대해서는 등기사항의 열람은 가능하지만 등기사항증명서의 발급은 청구할 수 없다.

④ 전세금을 증액하는 전세권변경등기는 등기상 이해관계 있는 제3자의 승낙 또는 이에 대항할 수 있는 재판의 등본이 없으면 부기등기가 아닌 주등기로 해야 한다.

⑤ 구분건물등기기록에는 1동의 건물에 대한 표제부를 두고, 전유부분마다 표제부, 갑구, 을구를 둔다.

053 등기의 효력에 관한 설명으로 틀린 것은? (다툼이 있으면 판례에 따름)

① 등기를 마친 경우 그 등기의 효력은 대법원규칙으로 정하는 등기신청정보가 전산정보처리조직에 저장된 때 발생한다.

② 대지권을 등기한 후에 한 건물의 권리에 관한 등기는 건물만에 관한 것이라는 뜻의 부기등기가 없으면 대지권에 대하여 동일한 등기로서 효력이 있다.

③ 같은 주등기에 관한 부기등기 상호간의 순위는 그 등기 순서에 따른다.

④ 소유권이전등기청구권을 보전하기 위한 가등기에 대하여는 가처분등기를 할 수 없다.

⑤ 사망자 명의의 신청으로 마쳐진 이전등기에 대해서는 그 등기의 유효를 주장하는 자에게 증명할 책임이 있다.

054 가압류 · 가처분 등기에 관한 설명으로 옳은 것은?

① 소유권에 대한 가압류등기는 부기등기로 한다.

② 처분금지가처분등기가 되어 있는 토지에 대하여는 소유권이전등기를 신청할 수 없다.

③ 가처분등기의 말소등기는 등기권리자와 등기의무자가 공동으로 신청해야한다.

④ 부동산에 대한 처분금지가처분등기의 경우, 금전채권을 피보전권리로 기재한다.

⑤ 부동산의 공유지분에 대해서도 가압류등기가 가능하다.

055 등기의 효력에 관한 설명으로 옳은 것은?

① 구(舊) '부동산소유권 이전등기 등에 관한 특별조치법'에 의한 소유권이전등기는 추정력이 인정되지 아니한다.

② 소유권이전등기가 경료되어 있는 경우, 그 등기의 명의자는 그 전(前)소유자에 대해서는 적법한 등기원인에 의하여 소유권을 취득한 것으로 추정되지 않는다.

③ 상속인이 자기명의로 소유권이전등기를 하지 않고 그 부동산을 양도하여, 피상속인으로부터 직접 양수인 앞으로 소유권이전등기를 한 경우 그 등기는 효력이 없다.

④ 가등기권리자는 중복된 소유권보존등기의 말소를 청구할 권리가 있다.

⑤ 담보가등기권리자는 그 담보물에 대한 경매절차에서 그 가등기의 순위에 의하여 우선변제를 받을 수 있다.

056 부기등기를 하는 경우가 아닌 것은?

① 등기명의인이 개명(改名)한 경우에 하는 등기명의인표기변경등기

② 공유물(公有物)을 분할하지 않기로 하는 약정의 등기

③ 지상권의 이전등기

④ 전세권을 목적으로 하는 저당권의 설정등기

⑤ 등기의 전부가 말소된 경우 그 회복등기

057 등기소에 관한 다음 기술 중 틀린 것은?

① 등기소의 관할은 부동산의 소재지를 관할하는 지방법원, 그 지원 또는 등기소를 관할등기소로 한다.

② 부동산이 여러 개의 등기소의 관할구역에 걸쳐 있을 때에는 신청을 받아 그 각 등기소를 관할하는 상급법원의 장이 관할 등기소를 지정한다.

③ 어느 등기소의 관할에 속하는 사무를 다른 등기소에 위임하게 할 수 있는 자는 대법원장이다.

④ 부동산의 소재지가 다른 등기소의 관할로 바뀌었을 때에는 종전의 관할등기소는 전산정보처리조직을 이용하여 그 부동산에 관한 등기기록과 신탁원부, 공동담보(전세)목록, 도면 및 매매목록의 처리권한을 다른 등기소로 넘겨주는 조치를 하여야 한다.

⑤ 등기소에서 등기사무를 정지하여야 하는 사고가 발생하면 지방법원장은 기간을 정하여 그 사무의 정지를 명령할 수 있다.

058 등기제도에 관한 설명으로 옳은 것은?

① 등기기록에 기록되어 있는 사항은 이해관계인에 한해 열람을 청구할 수 있다.

② 저당권의 피담보채권의 소멸이 된 후에도 채권양도를 원인으로 한 저당권이전등기가 가능하다.

③ 전세권의 존속기간이 만료된 경우, 전세권자체에 대한 저당권 실행의 등기는 할 수 없다.

④ 말소된 등기의 회복을 신청할 때에 등기상 이해관계 있는 제3자가 있는 경우, 그 제3자의 승낙은 필요하지 않다.

⑤ 등기소에 보관 중인 등기신청서는 법관이 발부한 영장에 의해 압수하는 경우에도 등기소 밖으로 옮기지 못한다.

059 등기당사자능력에 관한 설명으로 옳은 것은? (다툼이 있으면 판례에 따름)

① 태아로 있는 동안에는 태아의 명의로 대리인이 등기를 신청한다.

② 민법상 조합은 직접 자신의 명의로 등기를 신청한다.

③ 법인 아닌 사단(社團)은 대표자명의로 등기를 신청할 수 있다.

④ 사립학교는 설립주체가 누구인지를 불문하고 학교 명의로 등기를 신청한다.

⑤ 외국인은 법령이나 조약의 제한이 없는 한 자기 명의로 등기신청을 하고 등기명의인이 될 수 있다.

060 등기신청에 관한 설명 중 틀린 것은?

① 법인 아닌 사단에 속하는 부동산에 관한 등기는 그 사단의 명의로 신청할 수 있다.

② 근저당권설정자가 사망한 경우 근저당권자는 임의경매신청을 하기 위하여 근저당권의 목적인 부동산의 상속등기를 대위신청할 수 있다.

③ 甲, 乙간의 매매 후 등기 전에 매수인 乙이 사망한 경우 乙의 상속인 丙은 甲과 공동으로 丙명의의 소유권이전등기를 신청할 수 있다.

④ 甲 ⇨ 乙 ⇨ 丙 ⇨ 丁으로 매매가 이루어졌으나 등기명의인이 甲인 경우 최종매수인 丁은 乙과 丙을 순차로 대위하여 소유권이전등기를 신청할 수 있다.

⑤ 민법상 조합을 등기의무자로 한 근저당권설정등기는 신청할 수 없지만, 채무자로 표시한 근저당권설정등기는 신청할 수 있다.

061 법인 아닌 사단·재단의 등기신청과 관련한 다음의 설명 중 틀린 것은?

① 종중, 문중, 기타 대표자나 관리인이 있는 법인 아닌 사단이나 재단에 속하는 부동산의 등기에 관하여서는 그 사단·재단의 대표자 또는 관리인이 등기권리자 또는 등기의무자로 한다.

② 등기는 그 사단 또는 재단의 명의로 그 대표자 또는 관리인이 이를 신청한다.

③ 대표자나 관리인의 성명·주민등록번호·주소 등은 등기할 사항이다.

④ 등기를 신청하는 경우에는 정관이나 그 밖의 규약, 대표자나 관리인임을 증명하는 정보(다만, 등기되어 있는 대표자나 관리인이 신청하는 경우에는 그러하지 아니하다), 재산의 관리 및 처분을 위한 사원총회의 결의서, 대표자 또는 관리인의 주소 및 주민등록번호를 증명하는 정보를 첨부정보로서 등기소에 제공하여야 한다.

⑤ 사원총회의 결의서는 법인 아닌 사단이 등기의무자인 경우에 한한다.

062 절차법상 등기권리자와 등기의무자를 옳게 설명한 것을 모두 고른 것은?

> ㄱ. 甲 소유로 등기된 토지에 설정된 乙 명의의 근저당권을 丙에게 이전하는 등기를 신청하는 경우, 등기의무자는 乙이다.
>
> ㄴ. 甲에서 乙로, 乙에서 丙으로 순차로 소유권이전등기가 이루어졌으나 乙 명의의 등기가 원인무효임을 이유로 甲이 丙을 상대로 丙 명의의 등기 말소를 명하는 확정판결을 얻은 경우, 그 판결에 따른 등기에 있어서 등기권리자는 甲이다.
>
> ㄷ. 채무자 甲에서 乙로 소유권이전등기가 이루어졌으나 甲의 채권자 丙이 등기원인이 사해행위임을 이유로 그 소유권이전등기의 말소판결을 받은 경우, 그 판결에 따른 등기에 있어서 등기권리자는 甲이다.

① ㄴ   ② ㄷ

③ ㄱ, ㄴ   ④ ㄱ, ㄷ

⑤ ㄴ, ㄷ

063 등기권리자와 등기의무자에 관한 설명으로 틀린 것은?

① 실체법상 등기권리자와 절차법상 등기권리자는 일치하지 않는 경우도 있다.

② 실체법상 등기권리자는 실체법상 등기의무자에 대해 등기신청에 협력할 것을 요구할 권리를 가진 자이다.

③ 절차법상 등기의무자에 해당하는지 여부는 등기기록상 형식적으로 판단해야 하고, 실체법상 등기의무에 대해서는 고려해서는 안 된다.

④ 甲이 자신의 부동산에 설정해 준 乙명의의 전세권설정등기를 말소하는 경우, 甲이 절차법상 등기권리자에 해당한다.

⑤ 부동산이 甲 → 乙 → 丙으로 매도되었으나 등기명의가 甲에게 남아 있어 丙이 乙을 대위하여 소유권이전등기를 신청하는 경우, 丙은 절차법상 등기권리자에 해당한다.

064 부동산등기특별조치법상 등기신청의무에 관한 설명으로 옳은 것은? (다툼이 있으면 판례에 의함)

① 乙의 토지에 대하여 부담없는 증여계약을 체결한 甲은 그 토지를 인도받은 날로부터 60일내 등기신청을 하여야 한다.

② 乙의 토지에 대하여 매매계약을 체결한 甲이 잔금지급 전에 丙에게 매도하려면, 甲은 丙과 계약을 체결한 날로부터 60일내 먼저 甲명의로 소유권이전등기를 신청하여야 한다.

③ 乙의 토지에 대하여 매매계약을 체결한 甲이 잔금지급 이전에 丙에게 매수인의 지위를 이전한 경우, 甲은 먼저 甲명의로 소유권이전등기를 신청하여야 한다.

④ 甲이 자기 소유의 건물을 보존등기할 수 있었음에도 불구하고 등기하지 않은 채 乙과 매매계약을 체결하였다면, 甲은 보존등기를 할 수 있었던 날로부터 60일내 보존등기를 신청하여야 한다.

⑤ 乙의 토지에 대하여 매매계약을 체결한 甲이 잔금을 지급한 후 丙에게 그 토지를 매도하려면, 먼저 甲명의로 소유권이전등기를 한 후 丙과 계약을 체결하여야 한다.

065 판결에 의한 등기신청에 관한 설명으로 틀린 것은?

① 공유물분할판결에서 패소한 자도 단독으로 공유물분할을 원인으로 한 지분이전등기를 신청할 수 있다.

② 승소한 등기권리자가 판결에 의한 등기신청을 하지 않는 경우에는 패소한 등기의무자도 그 판결에 의한 등기신청을 할 수 있다.

③ 승소한 등기권리자가 그 소송의 변론종결 후 사망하였다면, 상속인이 그 판결에 의해 직접 자기 명의로 등기를 신청할 수 있다.

④ 채권자 대위소송에서 채무자가 그 소송이 제기된 사실을 알았을 경우, 채무자도 채권자가 얻은 승소판결에 의하여 단독으로 그 등기를 신청할 수 있다.

⑤ 등기절차의 이행을 명하는 판결이 확정된 후, 10년이 지난 경우에도 그 판결에 의한 등기신청을 할 수 있다.

066 다음은 승소한 등기권리자 또는 등기의무자만으로 등기를 신청할 수 있는 판결에 관한 설명이다. 틀린 것은?

① 판결은 등기절차의 이행을 명하는 이행판결만을 의미하고 확인판결이나 형성판결은 포함되지 아니함이 원칙이다.

② 판결에는 소송상 화해조서, 민사에 관한 조정조서, 조정에 갈음하는 결정조서 및 공정증서도 포함되는 것이 원칙이다.

③ 반대급부의 이행이 있는 후에 등기신청의 의사진술을 명한 이행판결의 경우에는 집행문을 부여받지 않으면 등기권리자만으로 등기를 신청할 수 없다.

④ 판결이 확정된 지 10년이 경과하여 소멸시효가 완성된 것으로 짐작이 가더라도 그 판결에 의한 등기신청을 할 수 있다는 것이 실무의 태도이다.

⑤ 승소한 등기의무자의 등기신청에 의하여 등기를 완료한 때에는 등기권리자에게 등기완료사실을 통지하여야 한다.

067 판결에 의한 등기신청에 관한 설명이다. 옳지 않은 것은?

① 형성판결인 공유물분할판결도 확정되면 판결에 의한 등기를 신청할 수 있으므로 그 소송의 원고의 지위에 있는 자만이 등기권리자로서 등기를 신청할 수 있다.

② 확정된 지 10년이 경과하여 그 소멸시효가 완성된 것으로 짐작이 가는 판결이라도 그 판결에 의한 등기신청을 할 수 있다.

③ 공유물분할판결의 경우에는 판결확정일이 그 등기원인일자가 된다.

④ 소유권이전등기말소청구의 소를 제기하여 승소판결을 받은 자가 그 판결에 의한 등기신청을 하지 아니하는 경우 패소한 등기의무자가 그 판결에 기하여 직접 말소등기를 신청하거나 대위등기를 할 수는 없다.

⑤ 승소한 등기의무자의 등기신청에 의하여 등기를 완료한 때에는 등기권리자에게 등기완료사실을 통지하여야 한다.

068 판결에 의한 소유권이전등기신청에 관한 설명으로 옳은 것은?

① 판결에 의하여 소유권이전등기를 신청하는 경우, 그 판결주문에 등기원인일의 기재가 없으면 등기신청서에 판결송달일을 등기원인일로 기재하여야 한다.

② 소유권이전등기의 이행판결에 가집행이 붙은 경우, 판결이 확정되지 아니하여도 가집행선고에 의한 소유권이전등기를 신청할 수 있다.

③ 판결에 의한 소유권이전등기신청서에는 판결정본과 그 판결에 대한 송달증명서를 첨부하여야 한다.

④ 공유물분할판결이 확정되면 그 소송의 피고도 단독으로 공유물분할을 원인으로 한 지분이전등기를 신청할 수 있다.

⑤ 소유권이전등기절차 이행을 명하는 판결이 확정된 후 10년이 경과하면 그 판결에 의한 소유권이전등기를 신청할 수 없다.

069 단독으로 신청할 수 있는 등기를 모두 고른 것은?

> ㄱ. 소유권보존등기의 말소등기
> ㄴ. 근저당권의 채권최고액을 감액하는 변경등기
> ㄷ. 법인합병을 원인으로 한 저당권이전등기
> ㄹ. 포괄유증으로 인한 소유권이전등기
> ㅁ. 승역지에 지역권설정등기를 하였을 경우, 요역지지역권등기

① ㄱ, ㄷ   ② ㄱ, ㄹ
③ ㄴ, ㄹ   ④ ㄱ, ㄷ, ㅁ
⑤ ㄷ, ㄹ, ㅁ

070 단독으로 신청하는 등기에 관한 설명으로 틀린 것을 모두 고른 것은?

> ㄱ. 등기의 말소를 공동으로 신청해야 하는 경우, 등기의무자의 소재불명으로 제권판
> 결을 받으면 등기권리자는 그 사실을 증명하여 단독으로 등기의 말소를 신청할
> 수 있다.
> ㄴ. 수용으로 인한 소유권이전등기를 하는 경우, 그 부동산을 위하여 존재하는 지역권
> 등기말소는 단독으로 신청하여야 한다.
> ㄷ. 이행판결에 의한 등기는 승소한 등기권리자가 단독으로 신청할 수 있다.
> ㄹ. 말소등기 신청시 등기의 말소에 대하여 등기상 이해관계 있는 제3자의 승낙이 있
> 는 경우, 그 제3자 명의의 등기는 등기권리자의 단독신청으로 말소된다.
> ㅁ. 소유권이전등기 신청시 등기명의인 표시변경등기는 등기관이 직권으로 한다.

① ㄱ, ㄷ   ② ㄱ, ㄹ
③ ㄴ, ㄹ   ④ ㄴ, ㅁ
⑤ ㄷ, ㅁ

071 단독으로 등기신청할 수 있는 것을 모두 고른 것은? (단, 판결 등 집행권원에 의한 신청
은 제외함)

> ㄱ. 가등기에 관하여 등기상 이해관계 있는 자는 가등기명의인의 승낙을 받아 단독으
> 로 가등기의 말소 신청
> ㄴ. 토지를 수용한 한국토지주택공사의 소유권이전등기 신청
> ㄷ. 근저당권의 채권최고액을 감액하는 근저당권자의 변경등기 신청
> ㄹ. 포괄유증을 원인으로 하는 수증자의 소유권이전등기 신청

① ㄱ   ② ㄱ, ㄴ
③ ㄴ, ㄷ   ④ ㄱ, ㄷ, ㄹ
⑤ ㄴ, ㄷ, ㄹ

072 다음은 등기관이 직권으로 등기하여야 하는 경우를 설명한 것이다. 틀린 것은?

① 미등기부동산에 대한 처분제한등기를 하기 위한 소유권보존등기
② 가등기에 의한 본등기를 하는 때에 가등기 이후에 경료된 제3취득등기의 말소
③ 가처분권자의 승소판결에 의한 소유권이전등기를 할 때에 가처분 이후에 경료된 제3자명의의 소유권이전등기의 말소
④ 소유권이전등기시 주소증명서면에 의하여 등기의무자의 주소가 변경된 사실이 증명되는 경우 등기의무자의 주소변경등기
⑤ 토지수용으로 인한 소유권이전등기시 그 수용부동산의 등기부에 기록되어 있는 소유권 외의 권리에 관한 등기의 말소

073 다음 중 직권으로 등기할 수 있는 경우는?

① 미등기부동산에 대하여 체납처분에 의한 압류등기의 촉탁이 있는 경우의 소유권보존등기
② 등기부상 이해관계인의 승낙서를 첨부한 권리경정등기
③ 규약상 공용부분이라는 뜻을 정한 규약을 폐지한 경우의 소유권보존등기
④ 처분금지가처분 이후에 원고의 승소판결에 따른 소유권이전등기시의 처분금지가처분 이후에 경료된 제3자의 소유권 외의 권리에 관한 등기의 말소등기
⑤ 환매권의 행사로 인하여 환매권자 앞으로의 권리이전등기를 한 경우에 제3자의 권리에 관한 등기의 말소등기

074 甲이 그 소유의 부동산을 乙에게 매도한 경우에 관한 설명으로 틀린 것은?

① 甲과 乙은 공동으로 소유권이전등기를 관할 등기소에 신청한다.
② 乙은 甲의 위임을 받더라도 그의 대리인으로서 소유권이전등기를 신청할 수 없다.
③ 乙이 소유권이전등기신청에 협조하지 않는 경우, 甲은 乙에게 등기신청에 협조할 것을 소구(訴求)할 수 있다.
④ 甲이 소유권이전등기신청에 협조하지 않는 경우, 乙은 승소판결을 받아 단독으로 소유권이전등기를 신청할 수 있다.
⑤ 소유권이전등기가 마쳐지면, 乙은 등기신청을 접수한 때 부동산에 대한 소유권을 취득한다.

075 다음은 대리인에 대한 설명이다. 틀린 것은?

① 대리인은 의사능력만 있으면 족하고 행위능력자임을 요하지 않는다.

② 임의대리인은 법무사·변호사에 한하는 것은 아니다.

③ 법무사 또는 변호사 아닌 자가 등기권리자나 등기의무자 또는 쌍방을 대리하여 등기신청을 하는 경우에는 신청인과 대리인의 관계를 밝혀 보수를 받지 않고 한다는 사실을 소명하여야 한다.

④ 법무사 또는 변호사 아닌 자는 등기신청의 대리행위를 업(業)으로 하지 못한다.

⑤ 대리권은 등기신청시까지만 있으면 된다.

076 다음 대위등기에 관련한 기술 중 틀린 것은?

① 1동의 건물에 속하는 구분건물 중 일부만에 관하여 소유권보존등기를 신청하는 경우에는 나머지 구분건물의 표시에 관한 등기를 동시에 신청하여야 하는데 이 경우에 구분건물의 소유자는 1동에 속하는 다른 구분건물의 소유자를 대위하여 그 건물의 표시에 관한 등기를 신청할 수 있다.

② 구분건물이 아닌 건물로 등기된 건물에 접속하여 구분건물을 신축한 경우에 그 신축건물의 소유권보존등기를 신청할 때에는 구분건물이 아닌 건물을 구분건물로 변경하는 건물의 표시변경등기를 동시에 신청하여야 하는데, 이 경우 구분건물의 소유자는 다른 구분건물의 소유자를 대위하여 소유권보존등기와 표시변경등기를 신청할 수 있다.

③ 건물이 멸실된 경우에는 그 건물 소유권의 등기명의인은 그 사실이 있는 때부터 1개월 이내에 그 등기를 신청하여야 한다. 이 경우 건물 소유권의 등기명의인이 1개월 이내에 멸실등기를 신청하지 아니하면 그 건물대지의 소유자가 건물 소유권의 등기명의인을 대위하여 그 등기를 신청할 수 있다.

④ 구분건물로서 그 건물이 속하는 1동 전부가 멸실된 경우에는 그 구분건물의 소유권의 등기명의인은 1동의 건물에 속하는 다른 구분건물의 소유권의 등기명의인을 대위하여 1동 전부에 대한 멸실등기를 신청할 수 있다.

⑤ 존재하지 아니하는 건물에 대한 등기가 있을 때에는 그 소유권의 등기명의인은 지체없이 멸실 등기를 신청하여야 한다. 이 경우 그 건물 소유권의 등기명의인이 1개월 이내에 멸실 등기를 신청하지 아니하는 경우에는 그 건물대지의 소유자가 건물 소유권의 등기명의인을 대위하여 그 등기를 신청 할 수 있다.

077 다음 중 채권자대위에 의한 등기절차에 대한 설명으로 가장 타당한 것은?

① 채권자가 채무자를 대위하여 등기를 신청하는 경우 채무자로부터 채권자 자신으로의 등기를 동시에 신청하여야 한다.

② 대위원인을 증명하는 서면은 반드시 공문서 또는 공정증서이어야 한다.

③ 가압류결정정본이나 등기사항증명서는 대위원인을 증명하는 서면이 될 수 없다.

④ 대위채권자에게 등기필정보를 통지한다.

⑤ 채권자가 채무자를 대위하여 등기신청을 하는 경우에는 소정의 취득세를 납부하고 국민주택채권도 매입하여야 한다.

078 등기신청에 관한 설명으로 옳은 것은?

① 외국인은 「출입국관리법」에 따라 외국인등록을 하더라도 전산정보처리조직에 의한 사용자등록을 할 수 없으므로 전자신청을 할 수 없다.

② 법인 아닌 사단이 등기권리자로서 등기신청을 하는 경우, 그 대표자의 성명 및 주소를 증명하는 정보를 첨부정보로 제공하여야 하지만 주민등록번호를 제공할 필요는 없다.

③ 환매권을 행사하는 경우 소유권이전등기와 환매특약등기 말소는 단독신청한다.

④ 신탁재산에 속하는 부동산의 신탁등기는 신탁자와 수탁자가 공동으로 신청하여야 한다.

⑤ 전자표준양식에 의한 등기신청의 경우, 자격자대리인(법무사 등)이 아닌 자도 타인을 대리하여 등기를 신청할 수 있다.

079 전산정보처리조직에 의한 등기신청에 관한 설명으로 옳은 것은?

① 전자신청의 경우, 인감증명을 제출해야 하는 자가 인증서정보(전자서명정보)를 송신할 때에는 인감증명서정보의 송신을 요하지 않는다.

② 전자신청의 경우에 사용자 등록을 하여야 하고 사용자등록을 할 때 인감증명서정보를 제공하여야 한다.

③ 전자신청을 위한 사용자등록의 관할 등기소는 없다.

④ 법인이 아닌 사단의 경우, 그 사단 명의로 대표자가 전자신청을 할 수 있다.

⑤ 사용자등록의 유효기간 3년이 경과한 경우에 연장할 수 있다.

080 전산정보처리조직에 의한 등기신청(이하 '전자신청'이라 한다)에 관한 설명으로 옳은 것은?

① 전자신청의 경우, 인감증명을 제출해야 하는 자가 공인인증서정보를 송신할 때에는 인감증명서정보도 같이 송신해야 한다.

② 등기신청의 당사자나 대리인이 전자신청을 하려면 미리 사용자등록을 해야 하며, 사용자등록의 유효기간은 3년이다.

③ 전자신청에 대하여 보정사항이 있는 경우, 등기관은 보정사유를 등록한 후 반드시 전자우편 방법에 의하여 그 사유를 신청인에게 통지해야 한다.

④ 법인이 아닌 사단의 경우, 그 사단 명의로 대표자가 전자신청을 할 수 있다.

⑤ 전자신청의 취하는 서면으로 해야 한다.

081 전산정보처리조직에 의한 등기신청(이하 '전자신청'이라 함)에 관련된 설명으로 틀린 것은?

① 사용자등록을 한 법무사에게 전자신청에 관한 대리권을 수여한 등기권리자도 사용자등록을 하여야 법무사가 대리하여 전자신청을 할 수 있다.

② 최초로 사용자등록을 신청하는 당사자 또는 자격자대리인은 등기소에 출석하여야 한다.

③ 전자신청을 위한 사용자등록은 전국 어느 등기소에서나 신청할 수 있다.

④ 법인 아닌 사단은 전자신청을 할 수 없다.

⑤ 사용자등록 신청서에는 인감증명을 첨부하여야 한다.

082 2021년에 사인(私人)간 토지소유권이전등기 신청시, 등기원인을 증명하는 서면에 검인을 받아야 하는 경우를 모두 고른 것은?

ㄱ. 임의경매	ㄴ. 진정명의 회복
ㄷ. 공유물분할합의	ㄹ. 판결서 또는 조서
ㅁ. 명의신탁해지약정	

① ㄱ, ㄴ 　　　　　　② ㄱ, ㄷ

③ ㄴ, ㄹ 　　　　　　④ ㄷ, ㅁ

⑤ ㄷ, ㄹ, ㅁ

083 등기원인증서의 검인에 관한 설명으로 옳은 것은?

① 등기원인증서가 집행력 있는 판결서인 경우에는 검인을 받을 필요가 없다.

② 무허가 건물에 대한 매매계약서나 미등기 아파트에 대한 분양계약서는 검인을 받아야 한다.

③ 신탁해지약정서를 원인서면으로 첨부하여 소유권이전등기를 신청하는 경우에는 검인을 받을 필요가 없다.

④ 매매계약 해제로 인한 소유권이전등기의 말소등기신청시 그 등기원인증서인 매매계약 해제증서에 검인을 받아야 한다.

⑤ 토지거래허가구역 내에서 동일 지번상의 토지 및 건물에 대한 일괄 소유권이전등기를 신청할 경우, 건물에 대해서는 별도로 검인을 받아야 한다.

084 농지법상의 농지에 대하여 소유권이전등기를 신청할 때 농지취득자격증명을 제공할 필요가 없는 경우는?

① 부인이 남편 소유의 농지를 상속받은 경우

② 농지전용허가를 받은 농지를 개인이 매수한 경우

③ 영농조합법인이 농지를 매수한 경우

④ 개인이 국가로부터 농지를 매수한 경우

⑤ 아들이 아버지로부터 농지를 증여받은 경우

085 등기의무자의 등기필정보에 대한 다음 설명 중 틀린 것은?

① 공유물분할을 원인으로 소유권을 취득한 자가 등기의무자가 되어 그 부동산에 대하여 다시 소유권 이전등기를 신청하는 경우에는 공유물분할등기에 관한 등기필정보뿐만 아니라 공유물분할등기 이전에 공유자로서 등기할 당시 등기관으로부터 통지받은 등기필정보도 함께 신청정보로 제공하여야 한다.

② 근저당권이 이전된 후 근저당권을 말소하는 경우에는 원래의 근저당권등기필정보를 제공하여야 한다.

③ 승소한 등기의무자가 집행력 있는 판결을 첨부하여 소유권이전등기를 신청하는 경우에는 등기의무자의 등기필정보를 신청정보로 제공하여야 한다.

④ 채무자변경으로 인한 근저당권변경등기신청시에는 등기의무자가 소유권취득당시 등기소로부터 교부받은 등기필정보만 제공하면 족하다.

⑤ 토지가 농지 정리 등으로 환지된 경우 환지된 토지에 대한 소유권이전등기를 신청할 때에는 환지 전 토지에 대한 등기필정보를 제공하여야 한다.

086 다음은 등기신청서에 첨부해야 할 주소를 증명하는 정보에 대한 설명이다. 틀린 것은?

① 소유권이전등기를 신청하는 경우에 등기권리자 및 등기의무자 각자의 주소를 증명하는 정보를 제공하여야 한다.

② 판결·경매로 인하여 등기권리자만으로 소유권이전등기를 신청하는 경우에는 등기권리자만의 주소를 증명하는 정보를 제공하면 된다.

③ 전세권설정등기의 말소등기를 신청하는 경우도 주소를 증명하는 정보를 제공하여야 한다.

④ 주민등록표등본·초본은 발행일로부터 3월 이내의 것이어야 한다.

⑤ 상속재산분할협의서를 첨부하여 상속으로 인한 소유권이전등기를 신청하는 경우에는 재산상속을 받지 않는 나머지 상속인들의 주소를 증명하는 서면은 제출할 필요가 없다.

087 부동산등기용등록번호에 관한 설명으로 옳은 것은?

① 법인의 등록번호는 주된 사무소 소재지를 관할하는 시장, 군수 또는 구청장이 부여한다.

② 주민등록번호가 없는 재외국민의 등록번호는 대법원 소재지 관할 등기소의 등기관이 부여한다.

③ 외국인의 등록번호는 체류지를 관할하는 시장, 군수 또는 구청장이 부여한다.

④ 법인 아닌 사단의 등록번호는 대표자주소지 관할 등기소의 등기관이 부여한다.

⑤ 국내에 영업소나 사무소의 설치 등기를 하지 아니한 외국법인의 등록번호는 국토교통부장관이 지정·고시한다.

088 매매를 등기원인으로 소유권이전등기를 할 경우 거래가액의 등기에 관한 설명 중 틀린 것은?

① 2006. 1. 1. 이전에 작성된 매매계약서를 등기원인증서로 한 경우에는 거래가액을 등기하지 않는다.

② 등기원인이 매매라 하더라도 등기원인증서가 판결 등 매매계약서가 아닌 때에는 거래가액을 등기하지 않는다.

③ 신고필증상의 부동산이 1개인 경우에는 매도인과 매수인이 각각 복수이더라도 매매목록을 제출할 필요가 없다.

④ 당초의 신청에 착오가 있는 경우 등기된 매매목록을 경정할 수 있다.

⑤ 등기원인증서와 신고필증에 기재된 사항이 서로 달라 동일한 거래라고 인정할 수 없는 등기신청은 각하된다.

089 다음 중 인감증명을 제출할 경우가 아닌 것은?

① 소유권의 등기명의인이 등기의무자로서 등기를 신청하는 경우 등기의무자의 인감증명

② 소유권에 관한 가등기명의인이 가등기의 말소등기를 신청하는 경우 가등기명의인의 인감증명

③ 등기신청서에 제3자의 동의 또는 승낙을 증명하는 서면이 공정증서로 첨부하는 경우 그 제3자의 인감증명

④ 등기필증을 분실한 소유권 외의 권리의 등기명의인이 신청서 중 등기의무자의 작성부분에 관한 공증을 받아 그 부본을 첨부하여 등기를 신청하는 때

⑤ 등기필증을 분실한 소유권 외의 권리의 등기명의인으로부터 위임받았음을 확인하는 서면을 신청서에 첨부하여 등기를 신청하는 때

090 등기신청의 취하에 관한 설명 중 틀린 것은?

① 등기신청대리인이 등기신청을 취하하는 경우에는 취하에 대한 특별수권이 있어야 한다.

② 등기관이 등기사항에 대하여 등기를 완료하기 전까지 등기신청의 취하가 가능하다.

③ 등기의 공동신청 후 등기권리자 또는 등기의무자는 각각 단독으로 등기신청을 취하할 수 없다.

④ 동일한 신청서로 수 개의 부동산에 관한 등기신청을 한 경우 일부 부동산에 대한 등기신청을 취하할 수 없다.

⑤ 전자신청을 취하하려면 전자신청과 동일한 방법으로 사용자인증을 받아야 한다.

091 등기신청의 각하 사유가 아닌 것은?

① 공동가등기권자 중 일부의 가등기권자가 자기의 지분만에 관하여 본등기를 신청한 경우

② 구분건물의 전유부분만에 대하여 하는 저당권설정등기

③ 저당권을 피담보채권과 분리하여 양도하거나, 피담보채권과 분리하여 다른 채권의 담보로 하는 등기를 신청한 경우

④ 공유지분에 대하여 지상권설정등기

⑤ 법령에 근거가 없는 특약사항의 등기를 신청한 경우

092 등기관의 처분에 대한 이의신청에 관한 내용으로 틀린 것은?

① 이의신청은 새로운 사실이나 새로운 증거방법을 근거로 할 수 있다.

② 상속인이 아닌 자는 상속등기가 위법하다 하여 이의신청을 할 수 없다.

③ 이의신청은 구술이 아닌 서면으로 하여야 하며, 그 기간에는 제한이 없다.

④ 이의에는 집행정지의 효력이 없다.

⑤ 등기신청의 각하결정에 대한 이의신청은 등기관의 각하결정이 부당하다는 사유로 족하다.

093 다음 중에서 미등기토지의 소유권보존등기신청을 할 수 없는 자는?

① 수용으로 인하여 소유권을 취득하였음을 증명하는 자

② 토지대장에 최초의 소유자로서 등록되어 있는 자

③ 확정판결에 의하여 자기의 소유권을 증명하는 자

④ 특별자치도지사, 시장, 군수 또는 구청장(자치구의 구청장을 말한다)의 확인에 의하여 자기의 소유권을 증명하는 자

⑤ 피상속인이 토지대장에 소유자로서 등록되어 있는 것을 증명하는 자

094 토지 또는 건물의 보존등기시 '소유권을 증명하는 판결'과 관련된 내용으로 옳은 것은?

① 소유권을 증명하는 판결은 보존등기신청인의 소유임을 확정하는 내용의 것이어야 하므로, 소유권확인판결에 한한다.

② 건물에 대하여 건축허가명의인을 상대로 한 소유권확인판결은 소유권을 증명하는 판결에 해당한다.

③ 토지대장상 공유인 미등기토지에 대한 공유물분할의 판결은 소유권을 증명하는 판결에 해당한다.

④ 건물에 대하여 국가를 상대로 한 소유권확인판결은 소유권을 증명하는 판결에 해당한다.

⑤ 당해 부동산이 보존등기 신청인의 소유임을 이유로 소유권보존등기의 말소를 명한 판결은 소유권을 증명하는 판결에 해당하지 않는다.

095 소유권에 관한 등기의 설명으로 옳은 것을 모두 고른 것은?

> ㄱ. 등기관이 소유권보존등기를 할 때에는 등기원인의 연월일을 기록한다.
> ㄴ. 등기관이 미등기 부동산에 대하여 법원의 촉탁에 따라 소유권의 처분제한의 등기를 할 때에는 직권으로 소유권보존등기를 한다.
> ㄷ. 등기관이 소유권의 일부에 관한 이전등기를 할 때에는 이전되는 지분을 기록하여야 하고, 그 등기원인에 분할금지약정이 있을 때에는 그 약정에 관한 사항도 기록하여야 한다.

① ㄱ
② ㄴ
③ ㄱ, ㄴ
④ ㄱ, ㄷ
⑤ ㄴ, ㄷ

096 진정명의회복등기에 대한 설명 중 틀린 것은?

① 이미 자기 앞으로 소유권을 표상하는 등기가 되어 있었거나 법률의 규정에 의하여 소유권을 취득한 자는 현재의 등기명의인을 상대로 진정명의회복을 등기 원인으로 한 소유권이전등기를 명하는 판결을 받아서 그에 따른 소유권이전등기를 신청할 수 있다.

② 법률의 규정에 의하여 소유권을 취득한 자는 현재의 등기명의인과 공동으로 '진정명의회복'을 등기원인으로 하여 소유권이전등기를 신청 할 수 있다.

③ 진정명의회복을 원인으로 한 소유권이전등기의 경우에도 토지거래허가서나 농지취득자격증명을 첨부하여야 한다.

④ 진정명의회복을 원인으로 한 소유권이전등기를 명하는 판결에 기하여 소유권말소등기를 신청할 수는 없다.

⑤ 진정명의회복등기의 법리는 사해행위취소소송에도 그대로 적용되므로 채권자는 사해행위의 취소로 인한 원상회복의 방법으로 수익자 명의의 등기의 말소를 구하는 대신 수익자를 상대로 채무자 앞으로의 소유권이전등기를 구할 수 있다.

097 유증으로 인한 소유권이전등기에 관한 설명으로 틀린 것은? (다툼이 있으면 판례에 의함)

① 유증에 기한이 붙은 경우에는 그 기한이 도래한 날을 등기원인일자로 기록한다.

② 포괄유증은 수증자 명의의 등기가 없어도 유증의 효력이 발생하는 시점에 물권변동의 효력이 발생한다.

③ 유증으로 인한 소유권이전등기청구권보전의 가등기는 유언자가 생존중인 경우에는 수리하여서는 안 된다.

④ 유증으로 인한 소유권이전등기 신청이 상속인의 유류분을 침해하는 내용이라 하더라도 등기관은 이를 수리하여야 한다.

⑤ 미등기부동산이 특정유증된 경우, 유언집행자는 상속인 명의의 소유권보존등기를 거쳐 유증으로 인한 소유권이전등기를 신청하여야 한다.

098 다음은 환매특약의 등기에 대한 기술이다. 틀린 것은?

① 환매특약의 등기를 신청하는 경우에는 신청서에 매수인이 지급한 대금, 매매비용 및 환매기간을 반드시 기록하여야 한다.

② 환매특약의 등기는 매수인의 권리취득의 등기에 이를 부기한다.

③ 환매특약의 등기는 환매에 의한 권리취득의 등기를 한 때에는 등기관이 직권으로 이를 말소한다.

④ 환매특약의 등기는 매도인이 등기권리자로 매수인이 등기의무자로서 신청하고, 당사자의 특약이 있는 경우에도 제3자를 환매권자로 하는 환매특약의 등기신청은 불가능하다.

⑤ 부동산에 대한 환매기간은 5년을 넘지 못한다.

099 신탁등기에 관한 설명으로 틀린 것은?

① 신탁재산의 처분으로 수탁자가 얻은 부동산이 신탁재산에 속하게 된 경우, 수탁자가 단독으로 신탁등기를 신청할 수 있다.

② 수익자 또는 위탁자는 수탁자를 대위하여 신탁등기를 신청할 수 있다.

③ 수탁자가 여러 명인 경우 등기관은 신탁재산이 합유인 뜻을 등기부에 기록하여야 한다.

④ 등기관이 신탁등기를 할 때에는 신탁원부를 작성하여야 하는데, 이때의 신탁원부는 등기기록의 일부로 본다.

⑤ 농지에 대하여 신탁법상 신탁을 등기원인으로 하여 소유권이전등기를 신청하는 경우, 신탁의 목적에 관계없이 농지취득자격증명을 첨부하여야 한다.

100 수용으로 인한 등기에 관한 설명으로 옳은 것을 모두 고른 것은?

> ㄱ. 수용으로 인한 소유권이전등기는 토지수용위원회의 재결서를 등기원인증서로 첨부하여 사업시행자가 단독으로 신청할 수 있다.
>
> ㄴ. 수용으로 인한 소유권이전등기신청서에 등기원인은 토지수용으로, 그 연월일은 수용의 재결일이 아닌 '수용개시일'로 기재해야 한다.
>
> ㄷ. 수용으로 인한 등기신청에는 농지취득자격증명을 첨부할 필요가 없다.
>
> ㄹ. 등기권리자의 단독신청에 따라 수용으로 인한 소유권이전등기를 하는 경우, 등기관은 그 부동산을 위해 존재하는 지역권의 등기를 직권으로 말소해서는 안 된다.
>
> ㅁ. 수용으로 인한 소유권이전등기가 된 후 토지수용위원회의 재결이 실효된 경우, 그 소유권이전등기의 말소등기는 원칙적으로 공동신청에 의한다.

① ㄱ, ㄴ, ㄷ   ② ㄱ, ㄷ, ㄹ

③ ㄱ, ㄴ, ㄷ, ㄹ, ㅁ   ④ ㄴ, ㄷ, ㅁ

⑤ ㄴ, ㄹ, ㅁ

공간정보 구축 및 관리 등에 관한 법

001 공간정보의 구축 및 관리 등에 관한 법령상 토지의 조사·등록에 관한 설명으로 틀린 것은?

① 국토교통부장관은 모든 토지에 대하여 필지별로 소재·지번·지목·면적·경계 또는 좌표 등을 조사·측량하여 지적공부에 등록하여야 한다.

② 지적공부에 등록하는 지번·지목·면적·경계 또는 좌표는 토지의 이동이 있을 때 토지소유자의 신청을 받아 지적소관청이 결정한다.

③ 지적소관청은 토지의 이동현황을 직권으로 조사·측량하여 토지의 지번·지목·면적·경계 또는 좌표를 결정하려는 때에는 토지이동현황 조사계획을 수립하여 시·도지사 또는 대도시 시장의 승인을 받아야 한다.

④ 지적소관청은 토지이동현황 조사계획에 따라 토지의 이동현황을 조사한 때에는 토지이동 조사부에 토지의 이동현황을 적어야 한다.

⑤ 지적소관청은 토지이동현황 조사결과에 따라 토지의 지번·지목·면적·경계 또는 좌표를 결정한 때에는 이에 따라 지적공부를 정리하여야 한다.

002 공간정보의 구축 및 관리 등에 관한 법령상 용어에 관한 설명으로 틀린 것은?

① '토지의 표시'라 함은 지적공부에 토지의 소재·지번·지목·면적·경계 또는 좌표를 등록한 것을 말한다.

② '지번부여지역'이라 함은 지번을 부여하는 단위지역으로서 동·리 또는 이에 준하는 지역을 말한다.

③ '지목'이라 함은 토지의 지형에 따라 토지의 종류를 구분하여 지적공부에 등록한 것을 말한다.

④ '경계점'이라 함은 지적공부에 등록하는 필지를 구획하는 선의 굴곡점과 경계점좌표등록부에 등록하는 평면직각종횡선수치의 교차점을 말한다.

⑤ '토지의 이동'이라 함은 토지의 표시를 새로이 정하거나 변경 또는 말소하는 것을 말한다.

003 **공간정보의 구축 및 관리 등에 관한 법령상 용어의 정의 중 옳은 것은?**

① "지적소관청"이라 함은 지적공부를 관리하는 지방자치단체인 시·군·구를 말한다.

② "지목"이라 함은 토지의 주된 형상에 따라 토지의 종류를 구분하여 지적공부에 등록한 것을 말한다.

③ "축척변경"이라 함은 지적도에 등록된 경계점의 정밀도를 높이기 위하여 작은 축척을 큰축척으로 변경하여 등록하는 것을 말한다.

④ "토지의 표시"라 함은 지적공부에 토지의 소재, 지번, 소유자, 면적, 경계 또는 좌표를 등록한 것을 말한다.

⑤ "좌표"라 함은 지적측량기준점 또는 경계점의 위치를 경위도좌표로 표시한 것을 말한다.

004 **지적제도와 등기제도의 특성을 비교한 것 중 틀린 것은?**

① 지적은 토지에 대한 사실관계를 공시하고, 등기는 권리관계를 공시한다.

② 등록객체는 지적과 등기 모두 토지만을 담당한다.

③ 등록방법으로 지적은 직권등록주의와 단독신청주의를 취하는데, 등기는 당사자신청주의와 공동신청 주의를 취한다.

④ 심사방법으로 지적은 실질적 심사주의를 취하는데, 등기는 형식적 심사주의를 취한다.

⑤ 지적의 담당기관은 행정부인데, 등기는 사법부이다.

005 **다음은 토지의 등록단위인 필지에 관한 설명으로 틀린 것은?**

① 지번부여지역이란 지번을 부여하는 단위지역으로서 동·리 또는 이에 준하는 지역을 말한다. 이때의 동리는 법정동과 리를 말한다.

② 1필지는 하나의 소유권이 미치는 범위로 구획되므로 소유자가 각각 다른 경우에는 1필지로 획정할 수 없다.

③ 1필지로 등록할 토지의 축척이 서로 다른 축척으로 도면에 등록되어 있을 경우 인위적으로 1필지로 획정할 수 없다.

④ 1필지가 되는 요건을 갖춘 경우 예외적으로 지목이 다른 일정한 경우에는 별개의 필지로 획정되지 않고 주된 지목의 토지에 편입하여 1필지로 할 수 있는데, 이와 같이 주된 용도의 토지에 편입되어 1필지로 획정되는 종된 토지를 양입지라 한다.

⑤ 종된 용도의 토지 지목이 '대(垈)'인 경우에도 양입 할 수 있다.

006 공간정보의 구축 및 관리 등에 관한 법령상 지번의 구성 및 부여방법에 대한 설명으로 옳은 것은?

① 지번은 지적소관청이 지번부여지역별로 남동에서 북서로 순차적으로 부여한다.

② 지번은 아라비아숫자로 표기하되, 임야대장 및 임야도에 등록하는 토지의 지번은 숫자 앞에 "임"자를 붙인다.

③ 지번은 본번과 부번으로 구성하되, 본번과 부번 사이에 "-"또는 "의"로 표시한다.

④ 분할의 경우에는 분할 후의 필지 중 1필지 지번은 분할 전의 지번으로 하고, 나머지 필지의 지번은 본번의 최종 부번의 다음 순번으로 부번을 부여한다.

⑤ 합병의 경우에는 원칙적으로 합번대상 지번 중 후순위의 지번을 그 지번으로 하되, 본번으로 된 지번이 있는 때에는 본번 중 선수위의 지번을 합병 후의 지번으로 한다.

007 다음은 지번에 관한 설명으로 틀린 것은?

① 지번이란 필지에 부여하여 지적공부에 등록한 번호를 말하는데, 이는 별개의 토지로 획정된 필지를 구별하여 특정할 수 있도록 개개의 필지마다 부여하는 숫자이다.

② 지번은 아라비아숫자로 표기하되, 임야대장 및 임야도에 등록하는 토지의 지번은 숫자 뒤에 "산"자를 붙인다.

③ 지번은 본번과 부번으로 구성하되, 본번과 부번 사이에 "-"표시로 연결한다. 이 경우 "-"표시는 "의"라고 읽는다.

④ 지번은 지적소관청이 지번부여지역별로 차례대로 북서에서 남동으로 순차적으로 부여한다.

⑤ 신규등록의 경우에는 그 지번부여지역에서 인접토지의 본번에 부번을 붙여서 지번을 부여함이 원칙이다.

008 다음은 지적확정측량을 실시한 지역의 각 필지에 지번부여방법에 관한 설명으로 틀린 것은?

① 도시개발사업 등이 완료됨에 따라 지적확정측량을 실시한 지역의 각 필지에 지번을 새로 부여하는 경우에는 원칙적으로 부번으로 부여한다.

② 부여할 수 있는 종전 지번의 수가 새로 부여할 지번의 수보다 적을 때에는 블록 단위로 하나의 본번을 부여한 후 필지별로 부번을 부여할 수 있다.

③ 부여할 수 있는 종전 지번의 수가 새로 부여할 지번의 수보다 적을 때에 그 지번부여지역의 최종 본번 다음 순번부터 본번으로 하여 차례로 지번을 부여할 수 있다.

④ 지적확정측량을 실시한 지역의 종전의 지번과 지적확정측량을 실시한 지역 밖에 있는 본번이 같은 지번이 있을 때에는 그 지번을 제외한 본번으로 부여한다.

⑤ 지적확정측량을 실시한 지역의 경계에 걸쳐 있는 지번은 제외하고 본번으로 부여한다.

009 지번의 변경에 관한 설명으로 틀린 것은?

① 지번부여지역 내의 일부 또는 전부의 지번이 순차적으로 설정되어 있지 아니한 때에 한다.

② 토지소유자의 이의가 없어야 한다.

③ 시·도지사의 승인을 얻어야 한다.

④ 지적확정측량을 실시한 지역의 지번부여 방법이 준용된다.

⑤ 지번을 다시 정하는 것을 의미한다.

010 다음 중 결번이 발생하지 않는 경우는?

① 행정구역변경　　　　　　② 도시개발사업
③ 토지 분할　　　　　　　　④ 지번변경
⑤ 축척변경

011 지목의 설정에 대한 다음의 설명 중 틀린 것은?

① 실외에 기능교육장을 갖춘 자동차운전학원의 부지는 "잡종지"로 한다.

② 경부고속철도와 접속하여 민간자본으로 건축된 역사(驛舍)의 부지는 "대"로 한다.

③ 일반공중의 위락 · 휴양 등에 적합한 시설물을 종합적으로 갖춘 어린이놀이터는 "유원지"로 한다.

④ 주차장법 제19조 제4항의 규정에 의하여 시설물의 부지 인근에 설치된 부설주차장은 "주차장"으로 한다.

⑤ 육상에 수상생물 양식을 위하여 인공적으로 설치한 시설물의 부지는 "양어장"으로 한다.

012 공간정보의 구축 및 관리 등에 관한 법령상 지목의 구분에 관한 설명으로 옳은 것은?

① 물을 정수하여 공급하기 위한 취수 · 저수 · 도수(導水) · 정수 · 송수 및 배수 시설의 부지 및 이에 접속된 부속시설물의 부지 지목은 "수도용지"로 한다.

② 「산업집적활성화 및 공장설립에 관한 법률」등 관계 법령에 따른 공장부지 조성공사가 준공된 토지의 지목은 "공장용지"로 한다.

③ 물이 고이거나 상시적으로 물을 저장하고 있는 댐 · 저수지 · 소류지(沼溜地) 등의 토지와 연 · 왕골 등이 자생하는 토지의 지목은 "유지"로 한다.

④ 물을 상시적으로 이용하지 않고 곡물 · 원예작물(과수류 포함) 등의 식물을 주로 재배하는 토지와 죽림지의 지목은 "전"으로 한다.

⑤ 학교용지 · 공원 등 다른 지목으로 된 토지에 있는 유적 · 고적 · 기념물 등을 보호하기 위하여 구획된 토지의 지목은 "사적지"로 한다.

013 지적공부에 등록하는 지목에 대한 설명 중 틀린 것은?

① 지목의 설정방법은 지목법정주의, 일필일지목의 원칙, 주용도추종의 원칙, 등록선후의 원칙, 일시적 또는 임시적 용도불변의 원칙 등을 적용한다.

② 토지조사사업 당시 최초 지목은 18개로 구분하였으며, 현행 법정지목은 28개로 구분한다.

③ 지목은 토성지목, 지형지목, 용도지목으로 분류되며, 우리나라 법정지목은 토지의 주된 용도에 따른 용도지목이다.

④ 소방관계법규에 의거 설치된 위험물이동탱크 저장시설부지의 지목은 주유소용지이다.

⑤ 종교단체 법인설립허가 여부와 관계없이 종교집회장이나 수도장을 건축하여 사용 · 승인된 경우의 지목은 종교용지이다.

014 다음 지적도면에 표기된 지목의 부호에 관한 설명으로 틀린 것은?

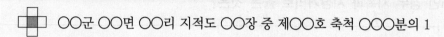
○○군 ○○면 ○○리 지적도 ○○장 중 제○○호 축척 ○○○분의 1

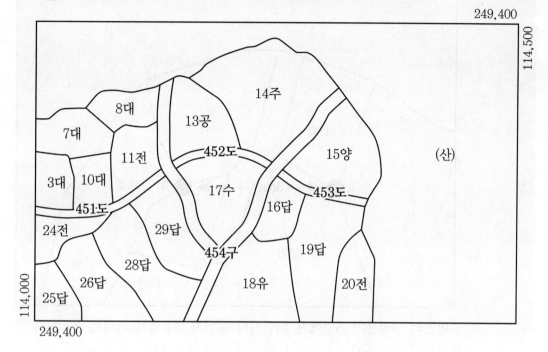

① 지번 13의 지목은 "공원"이다.
② 지번 14의 지목은 "주차장"이다.
③ 지번 15의 지목은 "양어장"이다.
④ 지번 17의 지목은 "수도용지"이다.
⑤ 지번 18의 지목은 "유지"이다.

015 축척 1/1200인 아래 지적 도면에서 10번지의 A점과 15번지 B점의 도면상 직선거리가 3cm인 경우 지목과 지상거리로 옳은 것은?

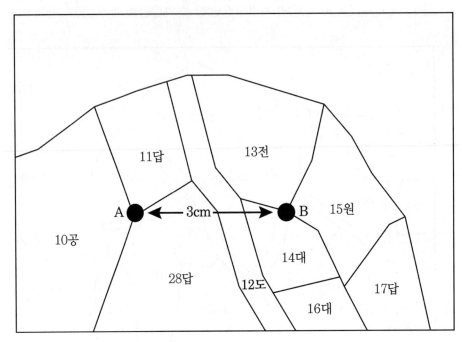

① 10번지의 공장용지 A점에서 15번지의 유원지 B점까지 거리는 36m이다.
② 10번지의 공장용지 A점에서 15번지의 공원 B점까지의 거리는 360m이다.
③ 10번지의 공원 A점에서 15번지의 공장용지 B점까지 거리는 360m이다.
④ 10번지의 공원 A점에서 15번지의 유원지 B점까지 거리는 360m이다.
⑤ 10번지의 공원 A점에서 15번지의 유원지 B점까지 거리는 36m이다.

016 분할에 따른 지상경계는 지상건축물을 걸리게 결정해서는 아니 됨이 원칙이나, 예외적으로 지상건축물을 걸리게 결정할 수 있다. 이에 해당하지 않는 경우는?

① 법원의 확정판결이 있는 경우
② 공공사업 등에 따라 학교용지·도로·철도용지·제방·하천·구거·유지·수도용지 등의 지목으로 되는 토지인 경우에 해당 사업의 시행자가 토지를 취득하기 위하여 분할하려는 경우
③ 「도시개발법」에 따른 도시개발사업, 「농어촌정비법」에 따른 농어촌정비사업, 그 밖에 대통령령으로 정하는 토지개발사업의 사업시행자가 사업지구의 경계를 결정하기 위하여 토지를 분할하려는 경우
④ 「국토의 계획 및 이용에 관한 법률」에 따른 도시관리계획 결정고시와 지형도면 고시가 된 지역의 도시관리계획선에 따라 토지를 분할하려는 경우
⑤ 소유권이전, 매매 등을 위하여 필요한 경우

017 토지에 대한 지상경계를 새로이 결정하고자 하는 경우의 기준으로 틀린 것은? (단, 지상경계의 구획을 형성하는 구조물 등의 소유자가 다른 경우는 제외)

① 연접되는 토지사이에 고저가 없는 경우에는 그 구조물 등의 중앙

② 연접되는 토지사이에 고저가 있는 경우에는 그 구조물 등의 하단부

③ 공유수면매립지의 토지 중 제방 등을 토지에 편입하여 등록하는 경우에는 안쪽 하단 부분

④ 토지가 해면 또는 수면에 접하는 경우에는 최대만조위 또는 최대만수위가 되는 선

⑤ 도로·구거 등의 토지에 절토된 부분이 있는 경우에는 그 경사면의 상단부

018 면적에 관한 설명 중 틀린 것은?

① '면적'이란 지적공부에 등록한 필지의 수평면상의 넓이를 의미하기 때문에 경사를 이루고 있는 토지는 실제 지표상의 면적이 지적공부에 등록된 면적보다 넓게 된다.

② 면적의 단위는 제곱미터로 하기 때문에 지적공부에 등록하는 토지의 면적은 과거의 척관법상의 평이나 보를 쓰지 못하고 미터단위인 m^2를 사용하게 된다.

③ 경계복원측량과 지적현황측량을 하는 경우에는 원칙적으로 필지마다 면적을 측정하지 아니한다.

④ 토지를 합병하는 경우에는 면적 측정이 필요하다.

⑤ 지적공부의 복구·신규등록·등록전환·분할 및 축척변경을 하는 경우에는 면적을 측정한다.

019 축척 500분의 1인 지적도에 신규등록할 토지의 면적 측정결과 330.55m^2가 산출되었다. 이 경우 토지대장에 등록할 면적은?

① 330m^2

② 331m^2

③ 330.6m^2

④ 330.55m^2

⑤ 330.5m^2

020 경계점좌표등록부의 토지면적 측정결과 430.55m^2가 산출되었다. 이 경우 토지대장에 등록할 면적은?

① 430.6m^2

② 430m^2

③ 431m^2

④ 430.5m^2

⑤ 430.55m^2

021 공간정보의 구축 및 관리 등에 관한 법령상 지적공부와 등록사항의 연결이 틀린 것은?

① 토지대장 - 토지의 소재, 토지의 고유번호

② 임야대장 - 지번, 개별공시지가와 그 기준일

③ 지적도 - 경계, 건축물 및 구조물 등의 위치

④ 공유지연명부 - 소유권 지분, 전유부분의 건물표시

⑤ 대지권등록부 - 대지권 비율, 건물의 명칭

022 공간정보의 구축 및 관리 등에 관한 법령상 지적공부와 등록사항의 연결이 옳은 것은?

① 토지대장 - 경계와 면적

② 임야대장 - 건축물 및 구조물 등의 위치

③ 공유지연명부 - 소유권 지분과 토지의 이동사유

④ 대지권등록부 - 대지권 비율과 지목

⑤ 토지대장·임야대장·공유지연명부·대지권등록부 - 토지소유자가 변경된 날과 그 원인

023 공유지연명부의 등록사항이 아닌 것은?

① 소유권 지분

② 토지의 소재

③ 대지권 비율

④ 토지의 고유번호

⑤ 토지소유자가 변경된 날과 그 원인

024 대지권등록부의 등록사항으로만 나열된 것은?

① 토지의 소재·지번·지목, 전유부분의 건물표시

② 대지권 비율, 소유권 지분, 건물명칭, 개별공시지가

③ 집합건물별 대지권등록부의 장번호, 토지의 이동사유, 대지권 비율, 지번

④ 건물명칭, 대지권 비율, 소유권 지분, 토지의 고유번호

⑤ 지번, 대지권 비율, 소유권 지분, 도면번호

025 지적도 및 임야도의 등록사항만으로 나열된 것은?

① 토지의 소재, 지번, 건축물의 번호, 삼각점 및 지적기준점의 위치, 면적

② 지번, 경계, 건축물 및 구조물 등의 위치, 삼각점 및 지적기준점의 위치

③ 토지의 소재, 지번, 토지의 고유번호, 삼각점 및 지적기준점의 위치

④ 지목, 부호 및 부호도, 도곽선과 그 수치, 토지의 고유번호

⑤ 지목, 도곽선과 그 수치, 토지의 고유번호, 건축물 및 구조물 등의 위치

026 지적공부의 열람 및 등본교부 등에 관한 설명으로 틀린 것은?

① 지적공부를 열람하거나 그 등본을 교부받고자 하는 자는 지적공부열람·등본교부 신청서를 지적소관청에 제출하여야 한다.

② 지적공부를 열람하거나 그 등본을 교부받고자 하는 자는 열람 및 등본교부 수수료를 그 지방자치단체의 수입인지로 지적소관청에 납부하여야 한다.

③ 지적측량업무에 종사하는 지적기술자가 그 업무와 관련하여 지적공부를 열람하는 경우 그 수수료를 면제한다.

④ 국토교통부장관은 정보통신망을 이용하여 전자화폐·전자결제 등의 방법으로 지적공부의 열람 및 등본교부 수수료를 납부하게 할 수 있다.

⑤ 정보처리시스템을 통하여 기록·저장된 지적공부(지적도 및 임야도는 제외한다)를 열람하거나 그 등본을 발급받으려는 경우에는 특별자치시장, 시장·군수 또는 구청장이나 읍·면·동의 장에게 신청할 수 있다.

027 지적공부의 효율적인 관리 및 활용을 위하여 지적정보 전담 관리기구를 설치·운영하는 자는?

① 읍·면·동장   ② 지적소관청

③ 시·도지사   ④ 행정안전부장관

⑤ 국토교통부장관

028 부동산종합공부에 대한 설명으로 틀린 것은?

① 지적소관청은 부동산의 효율적 이용과 부동산과 관련된 장부의 종합적 관리 · 운영을 위하여 부동산종합공부를 관리 · 운영한다.

② 지적소관청은 부동산종합공부를 영구히 보존하여야 하며, 멸실 또는 훼손에 대비하여 이를 별도로 복제하여 관리하는 정보관리체계를 구축하여야 한다.

③ 지적소관청은 부동산종합공부의 불일치 등록사항에 대하여는 등록사항을 정정하고, 등록사항을 관리하는 기관의 장에게 그 내용을 통지하여야 한다.

④ 지적소관청은 부동산종합공부의 정확한 등록 및 관리를 위하여 필요한 경우에는 부동산종합공부의 등록사항을 관리하는 기관의 장에게 관련 자료의 제출을 요구할 수 있다.

⑤ 부동산종합공부의 등록사항을 관리하는 기관의 장은 지적소관청에 상시적으로 관련 정보를 제공하여야 한다.

029 공간정보의 구축 및 관리 등에 관한 법령상 부동산종합공부에 관한 설명으로 틀린 것은?

① 부동산종합공부를 열람하거나 부동산종합공부 기록사항의 전부 또는 일부에 관한 증명서를 발급받으려는 자는 지적소관청이나 읍 · 면 · 동의 장에게 신청할 수 있다.

② 지적소관청은 부동산종합공부의 등록사항정정을 위하여 등록사항 상호 간에 일치하지 아니하는 사항을 확인 및 관리하여야 한다.

③ 토지소유자는 부동산종합공부의 토지의 표시에 관한 사항(「공간정보의 구축 및 관리 등에 관한 법률」에 따른 지적공부의 내용)의 등록사항에 잘못이 있음을 발견하면 지적소관청이나 읍 · 면 · 동의 장에게 그 정정을 신청할 수 있다.

④ 토지의 이용 및 규제에 관한 사항(「토지이용규제 기본법」제10조에 따른 토지이용계획확인서의 내용)은 부동산종합공부의 등록사항이다.

⑤ 지적소관청은 부동산종합공부의 등록사항 중 등록사항 상호 간에 일치하지 아니하는 사항에 대해서는 등록사항을 관리하는 기관의 장에게 그 내용을 통지하여 등록사항정정을 요청할 수 있다.

030 측량 · 수로조사 및 지적에 관한 법령상 지적공부의 복구자료가 아닌 것은?

① 토지이용계획확인서
② 측량 결과도
③ 토지이동정리 결의서
④ 지적공부의 등본
⑤ 법원의 확정판결서 정본 또는 사본

031 신규등록에 관한 설명 중 틀린 것은?

① '신규등록'이라 함은 새로이 조성된 토지 및 등록이 누락되어 있는 토지를 지적공부에 등록하는 것을 말한다.

② 신규등록할 토지가 있는 때에는 60일 이내 지적소관청에 신청하여야 한다.

③ 토지소유자의 신청에 의하여 신규등록을 한 경우 지적소관청은 토지표시에 관한 사항을 지체없이 등기관서에 그 등기를 촉탁하여야 한다.

④ 공유수면매립에 의거 신규등록을 신청하는 때에는 신규등록사유를 기재한 신청서에 공유수면매립법에 의한 준공인가필증 사본을 첨부하여 지적소관청에 제출하여야 한다.

⑤ 신규등록 신청시 첨부해야 하는 서류를 그 지적소관청이 관리하는 경우에는 지적소관청의 확인으로써 그 서류의 제출에 갈음할 수 있다.

032 등록전환에 관한 설명으로 틀린 것은?

① 토지소유자는 등록전환할 토지가 있으면 그 사유가 발생한 날부터 60일 이내에 지적소관청에 등록전환을 신청하여야 한다.

② 산지관리법, 건축법 등 관계 법령에 따른 개발행위 허가 등을 받은 경우에는 지목변경과 관계없이 등록전환을 신청할 수 있다.

③ 임야도에 등록된 토지가 사실상 형질변경되었으나 지목변경을 할 수 없는 경우에는 등록전환을 신청할 수 있다.

④ 등록전환에 따른 면적을 정할 때 임야대장의 면적과 등록전환될 면적의 차이가 오차의 허용범위 이내인 경우, 임야대장의 면적을 등록전환 면적으로 결정한다.

⑤ 지적소관청은 등록전환에 따라 지적공부를 정리한 경우, 지체 없이 관할 등기관서에 토지의 표시 변경에 관한 등기를 촉탁하여야 한다.

033 甲 소유의 토지 300m²의 일부를 乙에게 매도하기 위하여 분할하고자 하는 경우에 관한 설명으로 틀린 것은?

① 甲이 분할을 위한 측량을 의뢰하고자 하는 경우 지적측량수행자에게 하여야 한다.

② 매도할 토지가 분할허가 대상인 경우에는 甲이 분할사유를 기재한 신청서에 허가서 사본을 첨부하여야 한다.

③ 분할측량을 하는 때에는 분할되는 필지마다 면적을 측정하지 않아도 된다.

④ 분할에 따른 지상경계는 지상건축물을 걸리게 결정하지 않는 것이 원칙이다.

⑤ 분할측량을 하고자 하는 경우에는 지상경계점에 경계점표지를 설치한 후 측량할 수 있다.

034 공간정보의 구축 및 관리 등에 관한 법령상 합병신청을 할 수 없는 경우이다. 틀린 것은?

① 합병하려는 토지의 지번부여지역, 지목 또는 소유자가 서로 다른 경우
② 합병하려는 각 필지의 지반이 연속되지 아니한 경우
③ 합병하려는 토지의 소유자별 공유지분이 같은 경우
④ 합병하려는 토지의 지적도 및 임야도의 축척이 서로 다른 경우
⑤ 합병하려는 토지가 등기된 토지와 등기되지 아니한 토지인 경우

035 지목변경 신청에 관한 설명으로 틀린 것은?

① 토지소유자는 지목변경을 할 토지가 있으면 그 사유가 발생한 날부터 60일 이내에 지적소관청에 지목변경을 신청 하여야 한다.
② 「국토의 계획 및 이용에 관한 법률」등 관계 법령에 따른 토지의 형질변경 등의 공사가 준공된 경우에는 지목변경을 신청할 수 있다.
③ 전·답·과수원 상호간의 지목변경을 신청하는 경우에는 토지의 용도가 변경되었음을 증명하는 서류의 사본첨부를 생략할 수 있다.
④ 지목변경 신청에 따른 첨부서류를 해당 지적소관청이 관리하는 경우에는 시·도지사의 확인으로 그 서류의 제출을 갈음할 수 있다.
⑤ 「도시개발법」에 따른 도시개발사업의 원활한 추진을 위하여 사업시행자가 공사 준공 전에 토지의 합병을 신청하는 경우에는 지목변경을 신청할 수 있다.

036 공간정보의 구축 및 관리 등에 관한 법령상 지적공부에 등록된 토지가 지형의 변화 등으로 바다로 된 토지의 등록말소 및 회복 등에 관한 설명으로 틀린 것은?

① 지적소관청은 지적공부에 등록된 토지가 지형의 변화 등으로 바다로 된 경우로서 원상(原狀)으로 회복될 수 없는 경우에는 지적공부에 등록된 토지소유자에게 지적공부의 등록말소 신청을 하도록 통지하여야 한다.
② 지적소관청은 바다로 된 토지의 등록말소 신청에 의하여 토지의 표시 변경에 관한 등기를 할 필요가 있는 경우에는 지체 없이 관할 등기관서에 그 등기를 촉탁하여야 한다.
③ 지적소관청이 직권으로 지적공부의 등록사항을 말소한 후 지형의 변화 등으로 다시 토지가 된 경우에 토지로 회복등록을 하려면 그 지적측량성과 및 등록말소 당시의 지적공부 등 관계 자료에 따라야 한다.
④ 지적소관청으로부터 지적공부의 등록말소 신청을 하도록 토지를 받은 토지소유자가 통지를 받은 날부터 60일 이내에 등록말소 신청을 하지 아니하면, 지적소관청은 직권으로 그 지적공부의 등록사항을 말소하여야 한다.
⑤ 지적소관청이 직권으로 지적공부의 등록사항을 말소하거나 회복등록하였을 때에는 그 정리 결과를 토지소유자 및 해당 공유수면의 관리청에 통지하여야 한다.

037 축척변경에 관한 설명으로 틀린 것은?

① 청산금의 납부 및 지급이 완료된 때에는 지적소관청은 지체 없이 축척변경의 확정 공고를 하여야 하며, 확정공고일에 토지의 이동이 있는 것으로 본다.

② 청산금의 납부고지 또는 수령통지된 청산금에 관하여 이의가 있는 자는 납부고지 또는 수령통지를 받은 날부터 60일 이내에 지적소관청에 이의신청을 할 수 있다.

③ 축척변경시행지역 안의 토지 소유자 또는 점유자는 시행공고가 있는 날부터 30일 이내에 시행공고일 현재 점유하고 있는 경계에 경계점표지를 설치하여야 한다.

④ 지적소관청은 청산금의 결정을 공고한 날부터 20일 이내에 토지소유자에게 청산 금의 납부고지 또는 수령통지를 하여야 한다.

⑤ 청산금의 납부고지를 받은 자는 그 고지를 받은 날부터 6월 이내에 청산금을 지적 소관청에 납부하여야 한다.

038 축척변경위원회의 구성 및 기능에 관한 사항으로 틀린 것은?

① 축척변경위원회는 위원의 3분의 1 이상을 토지소유자로 하여야 한다.

② 축척변경위원회는 축척변경시행계획에 관한 사항을 심의·의결한다.

③ 축척변경위원회는 5인 이상 10인 이내의 위원으로 구성한다.

④ 축척변경위원회는 청산금의 산정에 관한 사항을 심의·의결한다.

⑤ 축척변경위원회는 청산금의 이의신청에 관한 사항을 심의·의결한다.

039 지적공부의 등록사항정정에 관한 설명으로 틀린 것은?

① 지적도 및 임야도에 등록된 필지가 면적의 증감 없이 경계의 위치만 잘못 등록된 경우 소관청이 직권으로 조사·측량하여 정정할 수 있다.

② 토지소유자가 경계 또는 면적의 변경을 가져오는 등록사항에 대한 정정신청을 하 는 때에는 정정사유를 기재한 신청서에 등록사항정정측량성과도를 첨부하여 소관 청에 제출하여야 한다.

③ 등록사항정정대상토지에 대한 대장을 열람하게 하거나 등본을 발급하는 때에는 '등록사항정정대상토지'라고 기재한 부분을 흑백의 반전으로 표시하거나 붉은색 으로 기재하여야 한다.

④ 등기된 토지의 지적공부 등록사항정정 내용이 토지의 표시에 관한 사항인 경우 등 기필증, 등기부등·초본 또는 등기관서에서 제공한 등기전산정보자료에 의하여 정정하여야 한다.

⑤ 등록사항정정 신청사항이 미등기 토지의 소유자 성명에 관한 사항으로서 명백히 잘못 기재된 경우에는 가족관계 기록사항에 관한 증명서에 의하여 정정할 수 있다.

040 토지의 이동신청 및 지적정리 등에 관한 설명으로 틀린 것은?

① 합병하고자 하는 토지의 소유자별 공유지분이 다르거나 소유자의 주소가 서로 다른 경우 토지소유자는 합병을 신청할 수 없다.

② 소유권이전과 매매 그리고 토지이용상 불합리한 지상경계를 시정하기 위한 경우 토지소유자는 분할을 신청할 수 있다.

③ 국토의 계획 및 이용에 관한 법률 등 관계법령에 의한 토지의 형질변경 등의 공사가 준공된 경우 토지소유자는 지목변경을 신청할 수 있다.

④ 지적공부의 등록사항이 토지이동정리결의서의 내용과 다르게 정리된 경우 지적소관청이 직권으로 조사·측량하여 정정할 수 없다.

⑤ 바다로 되어 등록이 말소된 토지가 지형의 변화 등으로 다시 토지로 된 경우 지적소관청은 회복등록을 할 수 있다.

041 지적측량에 관한 설명으로 틀린 것은?

① 토지소유자 등 이해관계인은 지적측량을 하여야 할 필요가 있는 때에는 지적측량수행자에게 해당 지적측량을 의뢰할 수 있다.

② 지적측량은 기초측량 및 세부측량으로 구분한다.

③ 검사측량을 제외한 지적측량을 의뢰하고자 하는 자는 지적측량의뢰서에 의뢰사유를 증명하는 서류를 첨부하여 지적측량수행자에게 제출하여야 한다.

④ 지적측량수행자는 지적측량의뢰를 받은 때에는 측량기간·측량일자 및 측량수수료 등을 기재한 지적측량수행계획서를 그 다음날까지 지적소관청에 제출하여야 한다.

⑤ 신규등록·등록전환 및 합병 등을 하는 때에는 새로이 측량하여 각 필지의 경계 또는 좌표와 면적을 정한다.

042 지적측량에 관한 설명으로 틀린 것은?

① 지적현황측량은 지상건축물 등의 현황을 지적도면에 등록된 경계와 대비하여 표시하기 위해 실시하는 측량을 말한다.

② 지적측량수행자는 지적측량 의뢰가 있는 경우 지적측량을 실시하여 그 측량성과를 결정하여야 한다.

③ 지적측량수행자가 경계복원측량을 실시한 때에는 시·도지사 또는 소관청에게 측량성과에 대한 검사를 받아야 한다.

④ 지적측량은 기초측량 및 세부측량으로 구분하며, 측판측량·전자평판측량·경위의측량·전파기 또는 광파기측량·사진측량 및 위성측량 등의 방법에 의한다.

⑤ 지적측량은 토지를 지적공부에 등록하거나 지적공부에 등록된 경계점을 지상에 복원할 목적으로 소관청 또는 지적측량수행자가 각 필지의 경계 또는 좌표와 면적을 정하는 측량으로 한다.

043 공간정보의 구축 및 관리 등에 관한 법령상 지적측량의 적부심사 등에 관한 설명으로 옳은 것은?

① 지적측량 적부심사청구를 받은 지적소관청은 60일 이내에 다툼이 되는 지적측량의 경위 및 그 성과, 해당 토지에 대한 토지이동 및 소유권 변동 연혁, 해당 토지 주변의 측량기준점, 경계, 주요 구조물 등 현황 실측도를 조사하여 지방지적위원회에 회부하여야 한다.

② 지적측량 적부심사청구를 회부받은 지방지적위원회는 부득이한 경우가 아닌 경우 그 심사청구를 회부받은 날부터 90일 이내에 심의·의결하여야 한다.

③ 지방지적위원회는 부득이한 경우에 심의기간을 해당 지적위원회의 의결을 거쳐 60일 이내에서 한 번만 연장할 수 있다.

④ 시·도지사는 지방지적위원회의 지적측량 적부심사 의결서를 받은 날부터 7일 이내에 지적측량 적부심사 청구인 및 이해관계인에게 그 의결서를 통지하여야 한다.

⑤ 의결서를 받은 자가 지방지적위원회의 의결에 불복하는 경우에는 그 의결서를 받은 날부터 90일 이내에 시·도지사를 거쳐 중앙지적위원회에 재심사를 청구할 수 있다.

044 공간정보의 구축 및 관리 등에 관한 법령상 지적소관청이 축척변경 시행공고를 할 때 공고하여야 할 사항으로 틀린 것은?

① 축척변경의 목적, 시행지역 및 시행기간
② 축척변경의 시행에 관한 세부계획
③ 축척변경의 시행자 선정 및 평가방법
④ 축척변경의 시행에 따른 청산방법
⑤ 축척변경의 시행에 따른 토지소유자 등의 협조에 관한 사항

045 공간정보의 구축 및 관리 등에 관한 법령상 축척변경위원회의 구성과 회의 등에 관한 설명으로 옳은 것을 모두 고른 것은?

> ㄱ. 축척변경위원회의 회의는 위원장을 포함한 재적위원 과반수의 출석으로 개의(開議)하고, 출석위원 과반수의 찬성으로 의결한다.
> ㄴ. 축척변경위원회는 5명 이상 15명 이하의 위원으로 구성하되, 위원의 3분의 2 이상을 토지소유자로 하여야 한다. 이 경우 그 축척변경 시행지역의 토지소유자가 5명 이하일 때에는 토지소유자 전원을 위원으로 위촉하여야 한다.
> ㄷ. 위원은 해당 축척변경 시행지역의 토지소유자로서 지역 사정에 정통한 사람과 지적에 관한 전문지식을 가진 사람 중에서 지적소관청이 위촉한다.

① ㄱ
② ㄴ
③ ㄱ, ㄷ
④ ㄴ, ㄷ
⑤ ㄱ, ㄴ, ㄷ

046 공간정보의 구축 및 관리 등에 관한 법령상 축척변경에 관한 설명으로 틀린 것은? (단, 축척변경위원회의 의결 및 시·도지사 또는 대도시 시장의 승인을 받는 경우에 한함)

① 지적소관청은 하나의 지번부여지역에 서로 다른 축척의 지적도가 있는 경우에는 토지소유자의 신청 또는 지적소관청의 직권으로 일정한 지역을 정하여 그 지역의 축척을 변경할 수 있다.
② 축척변경을 신청하는 토지소유자는 축척변경 사유를 적은 신청서에 토지소유자 3분의 2 이상의 동의서를 첨부하여 지적소관청에 제출하여야 한다.
③ 축척변경 시행지역의 토지소유자 또는 점유자는 시행공고가 된 날부터 30일 이내에 시행공고일 현재 점유하고 있는 경계에 경계점표지를 설치하여야 한다.
④ 축척변경에 따른 청산금의 납부고지를 받은 자는 그 고지를 받은 날부터 3개월 이내에 청산금을 지적소관청에 내야 한다.
⑤ 축척변경에 따른 청산금의 납부 및 지급이 완료되었을 때에는 지적소관청은 지체 없이 축척변경의 확정공고를 하고 확정된 사항을 지적공부에 등록하여야 한다.

047 공간정보의 구축 및 관리 등에 관한 법령상 토지의 이동 신청 및 지적정리 등에 관한 설명이다. ( ) 안에 들어갈 내용으로 옳은 것은?

> 지적소관청은 토지의 표시가 잘못되었음을 발견하였을 때에는 (ㄱ) 등록사항정정에 필요한 서류와 등록사항정정 측량성과도를 작성하고, 「공간정보의 구축 및 관리 등에 관한 법률 시행령」 제84조제2항에 따라 토지이동정리 결의서를 작성한 후 대장의 사유란에 (ㄴ)라고 적고, 토지소유자에게 등록사항정정 신청을 할 수 있도록 그 사유를 통지하여야 한다.

① ㄱ: 지체 없이, ㄴ: 등록사항정정 대상토지
② ㄱ: 지체 없이, ㄴ: 지적불부합 토지
③ ㄱ: 7일 이내, ㄴ: 토지표시정정 대상토지
④ ㄱ: 30일 이내, ㄴ: 지적불부합 토지
⑤ ㄱ: 30일 이내, ㄴ: 등록사항정정 대상토지

048 다음은 공간정보의 구축 및 관리 등에 관한 법령상 등록사항 정정 대상토지에 대한 대장의 열람 또는 등본의 발급에 관한 설명이다. ( )에 들어갈 내용으로 옳은 것은?

> 지적소관청은 등록사항 정정 대상토지에 대한 대장을 열람하게 하거나 등본을 발급하는 때에는 (ㄱ)라고 적은 부분을 흑백의 반전(反轉)으로 표시하거나 (ㄴ)(으)로 적어야 한다.

① ㄱ: 지적불부합지,   ㄴ: 붉은색
② ㄱ: 지적불부합지,   ㄴ: 굵은 고딕체
③ ㄱ: 지적불부합지,   ㄴ: 담당자의 자필(自筆)
④ ㄱ: 등록사항 정정 대상토지,   ㄴ: 붉은색
⑤ ㄱ: 등록사항 정정 대상토지,   ㄴ: 굵은 고딕체

049 공간정보의 구축 및 관리 등에 관한 법령상 지적기준점성과와 지적기준점성과의 열람 및 등본 발급 신청기관의 연결이 옳은 것은?

① 지적삼각점성과 － 시·도지사 또는 지적소관청
② 지적삼각보조점성과 － 시·도지사 또는 지적소관청
③ 지적삼각보조점성과 － 지적소관청 또는 한국국토정보공사
④ 지적도근점성과 － 시·도지사 또는 한국국토정보공사
⑤ 지적도근점성과 － 지적소관청 또는 한국국토정보공사

050 다음은 지적측량의 기간에 관한 내용이다. ( )에 들어갈 내용으로 옳은 것은?

> 지적측량의 측량기간은 (㉠)로 하며, 측량검사기간은 (㉡)로 한다. 다만, 지적기준점을 설치하여 측량 또는 측량검사를 하는 경우 지적기준점이 15점 이하인 경우에는 4일을, 15점을 초과하는 경우에는 4일에 15점을 초과하는 (㉢)마다 1일을 가산한다. 이와 같은 기준에도 불구하고, 지적측량 의뢰인과 지적측량수행자가 서로 합의하여 따로 기간을 정하는 경우에는 그 기간에 따르되, 전체 기간의 (㉣)은 측량기간으로, 전체 기간의 (㉤)은(는) 측량검사기간으로 본다.

① ㉠ 4일, ㉡ 3일, ㉢ 5점, ㉣ 4분의 3, ㉤ 4분의 1
② ㉠ 4일, ㉡ 3일, ㉢ 4점, ㉣ 5분의 3, ㉤ 5분의 2
③ ㉠ 5일, ㉡ 4일, ㉢ 4점, ㉣ 4분의 3, ㉤ 4분의 1
④ ㉠ 5일, ㉡ 4일, ㉢ 4점, ㉣ 5분의 3, ㉤ 5분의 2
⑤ ㉠ 5일, ㉡ 4일, ㉢ 5점, ㉣ 5분의 3, ㉤ 5분의 2

부동산등기법

051 등기사무에 관하여 옳은 것을 모두 고른 것은?

> ㄱ. 법인 아닌 사단은 전자신청을 할 수 없다.
> ㄴ. 등기신청의 각하결정에 대해 제3자는 이의신청을 할 수 없다.
> ㄷ. 공동상속인 중 일부가 자신의 상속지분만에 대한 상속등기를 신청한 경우는 각하사유에 해당한다.
> ㄹ. 여러명의 가등기권리자 중 1인은 자기지분에 관하여만 본등기 신청할 수 있다.

① ㄱ, ㄷ
② ㄴ, ㄹ
③ ㄱ, ㄴ, ㄷ
④ ㄴ, ㄷ, ㄹ
⑤ ㄱ, ㄴ, ㄷ, ㄹ

052 부동산등기에 관한 설명으로 틀린 것은?

① 건물소유권의 공유지분 일부에 대하여는 전세권설정등기를 할 수 없다.

② 구분건물에 대하여는 전유부분마다 부동산고유번호를 부여한다.

③ 폐쇄한 등기기록에 대해서는 등기사항의 열람은 가능하지만 등기사항증명서의 발급은 청구할 수 없다.

④ 전세금을 증액하는 전세권변경등기는 등기상 이해관계 있는 제3자의 승낙 또는 이에 대항할 수 있는 재판의 등본이 없으면 부기등기가 아닌 주등기로 해야 한다.

⑤ 구분건물등기기록에는 1동의 건물에 대한 표제부를 두고, 전유부분마다 표제부, 갑구, 을구를 둔다.

053 등기의 효력에 관한 설명으로 틀린 것은? (다툼이 있으면 판례에 따름)

① 등기를 마친 경우 그 등기의 효력은 대법원규칙으로 정하는 등기신청정보가 전산정보처리조직에 저장된 때 발생한다.

② 대지권을 등기한 후에 한 건물의 권리에 관한 등기는 건물만에 관한 것이라는 뜻의 부기등기가 없으면 대지권에 대하여 동일한 등기로서 효력이 있다.

③ 같은 주등기에 관한 부기등기 상호간의 순위는 그 등기 순서에 따른다.

④ 소유권이전등기청구권을 보전하기 위한 가등기에 대하여는 가처분등기를 할 수 없다.

⑤ 사망자 명의의 신청으로 마쳐진 이전등기에 대해서는 그 등기의 유효를 주장하는 자에게 증명할 책임이 있다.

054 가압류 · 가처분 등기에 관한 설명으로 옳은 것은?

① 소유권에 대한 가압류등기는 부기등기로 한다.

② 처분금지가처분등기가 되어 있는 토지에 대하여는 소유권이전등기를 신청할 수 없다.

③ 가처분등기의 말소등기는 등기권리자와 등기의무자가 공동으로 신청해야한다.

④ 부동산에 대한 처분금지가처분등기의 경우, 금전채권을 피보전권리로 기재한다.

⑤ 부동산의 공유지분에 대해서도 가압류등기가 가능하다.

055 등기의 효력에 관한 설명으로 옳은 것은?

① 구(舊) '부동산소유권 이전등기 등에 관한 특별조치법'에 의한 소유권이전등기는 추정력이 인정되지 아니한다.

② 소유권이전등기가 경료되어 있는 경우, 그 등기의 명의자는 그 전(前)소유자에 대해서는 적법한 등기원인에 의하여 소유권을 취득한 것으로 추정되지 않는다.

③ 상속인이 자기명의로 소유권이전등기를 하지 않고 그 부동산을 양도하여, 피상속인으로부터 직접 양수인 앞으로 소유권이전등기를 한 경우 그 등기는 효력이 없다.

④ 가등기권리자는 중복된 소유권보존등기의 말소를 청구할 권리가 있다.

⑤ 담보가등기권리자는 그 담보물에 대한 경매절차에서 그 가등기의 순위에 의하여 우선변제를 받을 수 있다.

056 부기등기를 하는 경우가 아닌 것은?

① 등기명의인이 개명(改名)한 경우에 하는 등기명의인표기변경등기

② 공유물(公有物)을 분할하지 않기로 하는 약정의 등기

③ 지상권의 이전등기

④ 전세권을 목적으로 하는 저당권의 설정등기

⑤ 등기의 전부가 말소된 경우 그 회복등기

057 등기소에 관한 다음 기술 중 틀린 것은?

① 등기소의 관할은 부동산의 소재지를 관할하는 지방법원, 그 지원 또는 등기소를 관할등기소로 한다.

② 부동산이 여러 개의 등기소의 관할구역에 걸쳐 있을 때에는 신청을 받아 그 각 등기소를 관할하는 상급법원의 장이 관할 등기소를 지정한다.

③ 어느 등기소의 관할에 속하는 사무를 다른 등기소에 위임하게 할 수 있는 자는 대법원장이다.

④ 부동산의 소재지가 다른 등기소의 관할로 바뀌었을 때에는 종전의 관할등기소는 전산정보처리조직을 이용하여 그 부동산에 관한 등기기록과 신탁원부, 공동담보(전세)목록, 도면 및 매매목록의 처리권한을 다른 등기소로 넘겨주는 조치를 하여야 한다.

⑤ 등기소에서 등기사무를 정지하여야 하는 사고가 발생하면 지방법원장은 기간을 정하여 그 사무의 정지를 명령할 수 있다.

058 등기제도에 관한 설명으로 옳은 것은?

① 등기기록에 기록되어 있는 사항은 이해관계인에 한해 열람을 청구할 수 있다.
② 저당권의 피담보채권의 소멸이 된 후에도 채권양도를 원인으로 한 저당권이전등기가 가능하다.
③ 전세권의 존속기간이 만료된 경우, 전세권자체에 대한 저당권 실행의 등기는 할 수 없다.
④ 말소된 등기의 회복을 신청할 때에 등기상 이해관계 있는 제3자가 있는 경우, 그 제3자의 승낙은 필요하지 않다.
⑤ 등기소에 보관 중인 등기신청서는 법관이 발부한 영장에 의해 압수하는 경우에도 등기소 밖으로 옮기지 못한다.

059 등기당사자능력에 관한 설명으로 옳은 것은? (다툼이 있으면 판례에 따름)

① 태아로 있는 동안에는 태아의 명의로 대리인이 등기를 신청한다.
② 민법상 조합은 직접 자신의 명의로 등기를 신청한다.
③ 법인 아닌 사단(社團)은 대표자명의로 등기를 신청할 수 있다.
④ 사립학교는 설립주체가 누구인지를 불문하고 학교 명의로 등기를 신청한다.
⑤ 외국인은 법령이나 조약의 제한이 없는 한 자기 명의로 등기신청을 하고 등기명의인이 될 수 있다.

060 등기신청에 관한 설명 중 틀린 것은?

① 법인 아닌 사단에 속하는 부동산에 관한 등기는 그 사단의 명의로 신청할 수 있다.
② 근저당권설정자가 사망한 경우 근저당권자는 임의경매신청을 하기 위하여 근저당권의 목적인 부동산의 상속등기를 대위신청할 수 있다.
③ 甲, 乙간의 매매 후 등기 전에 매수인 乙이 사망한 경우 乙의 상속인 丙은 甲과 공동으로 丙명의의 소유권이전등기를 신청할 수 있다.
④ 甲 ⇨ 乙 ⇨ 丙 ⇨ 丁으로 매매가 이루어졌으나 등기명의인이 甲인 경우 최종매수인 丁은 乙과 丙을 순차로 대위하여 소유권이전등기를 신청할 수 있다.
⑤ 민법상 조합을 등기의무자로 한 근저당권설정등기는 신청할 수 없지만, 채무자로 표시한 근저당권설정등기는 신청할 수 있다.

061 법인 아닌 사단·재단의 등기신청과 관련한 다음의 설명 중 틀린 것은?

① 종중, 문중, 기타 대표자나 관리인이 있는 법인 아닌 사단이나 재단에 속하는 부동산의 등기에 관하여서는 그 사단·재단의 대표자 또는 관리인이 등기권리자 또는 등기의무자로 한다.

② 등기는 그 사단 또는 재단의 명의로 그 대표자 또는 관리인이 이를 신청한다.

③ 대표자나 관리인의 성명·주민등록번호·주소 등은 등기할 사항이다.

④ 등기를 신청하는 경우에는 정관이나 그 밖의 규약, 대표자나 관리인임을 증명하는 정보(다만, 등기되어 있는 대표자나 관리인이 신청하는 경우에는 그러하지 아니하다), 재산의 관리 및 처분을 위한 사원총회의 결의서, 대표자 또는 관리인의 주소 및 주민등록번호를 증명하는 정보를 첨부정보로서 등기소에 제공하여야 한다.

⑤ 사원총회의 결의서는 법인 아닌 사단이 등기의무자인 경우에 한한다.

062 절차법상 등기권리자와 등기의무자를 옳게 설명한 것을 모두 고른 것은?

> ㄱ. 甲 소유로 등기된 토지에 설정된 乙 명의의 근저당권을 丙에게 이전하는 등기를 신청하는 경우, 등기의무자는 乙이다.
> ㄴ. 甲에서 乙로, 乙에서 丙으로 순차로 소유권이전등기가 이루어졌으나 乙 명의의 등기가 원인무효임을 이유로 甲이 丙을 상대로 丙 명의의 등기 말소를 명하는 확정판결을 얻은 경우, 그 판결에 따른 등기에 있어서 등기권리자는 甲이다.
> ㄷ. 채무자 甲에서 乙로 소유권이전등기가 이루어졌으나 甲의 채권자 丙이 등기원인이 사해행위임을 이유로 그 소유권이전등기의 말소판결을 받은 경우, 그 판결에 따른 등기에 있어서 등기권리자는 甲이다.

① ㄴ   ② ㄷ
③ ㄱ, ㄴ   ④ ㄱ, ㄷ
⑤ ㄴ, ㄷ

063 등기권리자와 등기의무자에 관한 설명으로 틀린 것은?

① 실체법상 등기권리자와 절차법상 등기권리자는 일치하지 않는 경우도 있다.

② 실체법상 등기권리자는 실체법상 등기의무자에 대해 등기신청에 협력할 것을 요구할 권리를 가진 자이다.

③ 절차법상 등기의무자에 해당하는지 여부는 등기기록상 형식적으로 판단해야 하고, 실체법상 등기의무에 대해서는 고려해서는 안 된다.

④ 甲이 자신의 부동산에 설정해 준 乙명의의 전세권설정등기를 말소하는 경우, 甲이 절차법상 등기권리자에 해당한다.

⑤ 부동산이 甲 → 乙 → 丙으로 매도되었으나 등기명의가 甲에게 남아 있어 丙이 乙을 대위하여 소유권이전등기를 신청하는 경우, 丙은 절차법상 등기권리자에 해당한다.

064 부동산등기특별조치법상 등기신청의무에 관한 설명으로 옳은 것은? (다툼이 있으면 판례에 의함)

① 乙의 토지에 대하여 부담없는 증여계약을 체결한 甲은 그 토지를 인도받은 날로부터 60일내 등기신청을 하여야 한다.

② 乙의 토지에 대하여 매매계약을 체결한 甲이 잔금지급 전에 丙에게 매도하려면, 甲은 丙과 계약을 체결한 날로부터 60일내 먼저 甲명의로 소유권이전등기를 신청하여야 한다.

③ 乙의 토지에 대하여 매매계약을 체결한 甲이 잔금지급 이전에 丙에게 매수인의 지위를 이전한 경우, 甲은 먼저 甲명의로 소유권이전등기를 신청하여야 한다.

④ 甲이 자기 소유의 건물을 보존등기할 수 있었음에도 불구하고 등기하지 않은 채 乙과 매매계약을 체결하였다면, 甲은 보존등기를 할 수 있었던 날로부터 60일내 보존등기를 신청하여야 한다.

⑤ 乙의 토지에 대하여 매매계약을 체결한 甲이 잔금을 지급한 후 丙에게 그 토지를 매도하려면, 먼저 甲명의로 소유권이전등기를 한 후 丙과 계약을 체결하여야 한다.

065 판결에 의한 등기신청에 관한 설명으로 틀린 것은?

① 공유물분할판결에서 패소한 자도 단독으로 공유물분할을 원인으로 한 지분이전등기를 신청할 수 있다.

② 승소한 등기권리자가 판결에 의한 등기신청을 하지 않는 경우에는 패소한 등기의무자도 그 판결에 의한 등기신청을 할 수 있다.

③ 승소한 등기권리자가 그 소송의 변론종결 후 사망하였다면, 상속인이 그 판결에 의해 직접 자기 명의로 등기를 신청할 수 있다.

④ 채권자 대위소송에서 채무자가 그 소송이 제기된 사실을 알았을 경우, 채무자도 채권자가 얻은 승소판결에 의하여 단독으로 그 등기를 신청할 수 있다.

⑤ 등기절차의 이행을 명하는 판결이 확정된 후, 10년이 지난 경우에도 그 판결에 의한 등기신청을 할 수 있다.

066 다음은 승소한 등기권리자 또는 등기의무자만으로 등기를 신청할 수 있는 판결에 관한 설명이다. 틀린 것은?

① 판결은 등기절차의 이행을 명하는 이행판결만을 의미하고 확인판결이나 형성판결은 포함되지 아니함이 원칙이다.

② 판결에는 소송상 화해조서, 민사에 관한 조정조서, 조정에 갈음하는 결정조서 및 공정증서도 포함되는 것이 원칙이다.

③ 반대급부의 이행이 있는 후에 등기신청의 의사진술을 명한 이행판결의 경우에는 집행문을 부여받지 않으면 등기권리자만으로 등기를 신청할 수 없다.

④ 판결이 확정된 지 10년이 경과하여 소멸시효가 완성된 것으로 짐작이 가더라도 그 판결에 의한 등기신청을 할 수 있다는 것이 실무의 태도이다.

⑤ 승소한 등기의무자의 등기신청에 의하여 등기를 완료한 때에는 등기권리자에게 등기완료사실을 통지하여야 한다.

067 판결에 의한 등기신청에 관한 설명이다. 옳지 않은 것은?

① 형성판결인 공유물분할판결도 확정되면 판결에 의한 등기를 신청할 수 있으므로 그 소송의 원고의 지위에 있는 자만이 등기권리자로서 등기를 신청할 수 있다.

② 확정된 지 10년이 경과하여 그 소멸시효가 완성된 것으로 짐작이 가는 판결이라도 그 판결에 의한 등기신청을 할 수 있다.

③ 공유물분할판결의 경우에는 판결확정일이 그 등기원인일자가 된다.

④ 소유권이전등기말소청구의 소를 제기하여 승소판결을 받은 자가 그 판결에 의한 등기신청을 하지 아니하는 경우 패소한 등기의무자가 그 판결에 기하여 직접 말소등기를 신청하거나 대위등기를 할 수는 없다.

⑤ 승소한 등기의무자의 등기신청에 의하여 등기를 완료한 때에는 등기권리자에게 등기완료사실을 통지하여야 한다.

068 판결에 의한 소유권이전등기신청에 관한 설명으로 옳은 것은?

① 판결에 의하여 소유권이전등기를 신청하는 경우, 그 판결주문에 등기원인일의 기재가 없으면 등기신청서에 판결송달일을 등기원인일로 기재하여야 한다.

② 소유권이전등기의 이행판결에 가집행이 붙은 경우, 판결이 확정되지 아니하여도 가집행선고에 의한 소유권이전등기를 신청할 수 있다.

③ 판결에 의한 소유권이전등기신청서에는 판결정본과 그 판결에 대한 송달증명서를 첨부하여야 한다.

④ 공유물분할판결이 확정되면 그 소송의 피고도 단독으로 공유물분할을 원인으로 한 지분이전등기를 신청할 수 있다.

⑤ 소유권이전등기절차 이행을 명하는 판결이 확정된 후 10년이 경과하면 그 판결에 의한 소유권이전등기를 신청할 수 없다.

069 단독으로 신청할 수 있는 등기를 모두 고른 것은?

> ㄱ. 소유권보존등기의 말소등기
> ㄴ. 근저당권의 채권최고액을 감액하는 변경등기
> ㄷ. 법인합병을 원인으로 한 저당권이전등기
> ㄹ. 포괄유증으로 인한 소유권이전등기
> ㅁ. 승역지에 지역권설정등기를 하였을 경우, 요역지지역권등기

① ㄱ, ㄷ   ② ㄱ, ㄹ

③ ㄴ, ㄹ   ④ ㄱ, ㄷ, ㅁ

⑤ ㄷ, ㄹ, ㅁ

070 단독으로 신청하는 등기에 관한 설명으로 틀린 것을 모두 고른 것은?

> ㄱ. 등기의 말소를 공동으로 신청해야 하는 경우, 등기의무자의 소재불명으로 제권판결을 받으면 등기권리자는 그 사실을 증명하여 단독으로 등기의 말소를 신청할 수 있다.
> ㄴ. 수용으로 인한 소유권이전등기를 하는 경우, 그 부동산을 위하여 존재하는 지역권등기말소는 단독으로 신청하여야 한다.
> ㄷ. 이행판결에 의한 등기는 승소한 등기권리자가 단독으로 신청할 수 있다.
> ㄹ. 말소등기 신청시 등기의 말소에 대하여 등기상 이해관계 있는 제3자의 승낙이 있는 경우, 그 제3자 명의의 등기는 등기권리자의 단독신청으로 말소된다.
> ㅁ. 소유권이전등기 신청시 등기명의인 표시변경등기는 등기관이 직권으로 한다.

① ㄱ, ㄷ   ② ㄱ, ㄹ
③ ㄴ, ㄹ   ④ ㄴ, ㅁ
⑤ ㄷ, ㅁ

071 단독으로 등기신청할 수 있는 것을 모두 고른 것은? (단, 판결 등 집행권원에 의한 신청은 제외함)

> ㄱ. 가등기에 관하여 등기상 이해관계 있는 자는 가등기명의인의 승낙을 받아 단독으로 가등기의 말소 신청
> ㄴ. 토지를 수용한 한국토지주택공사의 소유권이전등기 신청
> ㄷ. 근저당권의 채권최고액을 감액하는 근저당권자의 변경등기 신청
> ㄹ. 포괄유증을 원인으로 하는 수증자의 소유권이전등기 신청

① ㄱ   ② ㄱ, ㄴ
③ ㄴ, ㄷ   ④ ㄱ, ㄷ, ㄹ
⑤ ㄴ, ㄷ, ㄹ

072 다음은 등기관이 직권으로 등기하여야 하는 경우를 설명한 것이다. 틀린 것은?

① 미등기부동산에 대한 처분제한등기를 하기 위한 소유권보존등기
② 가등기에 의한 본등기를 하는 때에 가등기 이후에 경료된 제3취득등기의 말소
③ 가처분권자의 승소판결에 의한 소유권이전등기를 할 때에 가처분 이후에 경료된 제3자명의의 소유권이전등기의 말소
④ 소유권이전등기시 주소증명서면에 의하여 등기의무자의 주소가 변경된 사실이 증명되는 경우 등기의무자의 주소변경등기
⑤ 토지수용으로 인한 소유권이전등기시 그 수용부동산의 등기부에 기록되어 있는 소유권 외의 권리에 관한 등기의 말소

073 다음 중 직권으로 등기할 수 있는 경우는?

① 미등기부동산에 대하여 체납처분에 의한 압류등기의 촉탁이 있는 경우의 소유권보존등기
② 등기부상 이해관계인의 승낙서를 첨부한 권리경정등기
③ 규약상 공용부분이라는 뜻을 정한 규약을 폐지한 경우의 소유권보존등기
④ 처분금지가처분 이후에 원고의 승소판결에 따른 소유권이전등기시의 처분금지가처분 이후에 경료된 제3자의 소유권 외의 권리에 관한 등기의 말소등기
⑤ 환매권의 행사로 인하여 환매권자 앞으로의 권리이전등기를 한 경우에 제3자의 권리에 관한 등기의 말소등기

074 甲이 그 소유의 부동산을 乙에게 매도한 경우에 관한 설명으로 틀린 것은?

① 甲과 乙은 공동으로 소유권이전등기를 관할 등기소에 신청한다.
② 乙은 甲의 위임을 받더라도 그의 대리인으로서 소유권이전등기를 신청할 수 없다.
③ 乙이 소유권이전등기신청에 협조하지 않는 경우, 甲은 乙에게 등기신청에 협조할 것을 소구(訴求)할 수 있다.
④ 甲이 소유권이전등기신청에 협조하지 않는 경우, 乙은 승소판결을 받아 단독으로 소유권이전등기를 신청할 수 있다.
⑤ 소유권이전등기가 마쳐지면, 乙은 등기신청을 접수한 때 부동산에 대한 소유권을 취득한다.

075 다음은 대리인에 대한 설명이다. 틀린 것은?

① 대리인은 의사능력만 있으면 족하고 행위능력자임을 요하지 않는다.

② 임의대리인은 법무사·변호사에 한하는 것은 아니다.

③ 법무사 또는 변호사 아닌 자가 등기권리자나 등기의무자 또는 쌍방을 대리하여 등기신청을 하는 경우에는 신청인과 대리인의 관계를 밝혀 보수를 받지 않고 한다는 사실을 소명하여야 한다.

④ 법무사 또는 변호사 아닌 자는 등기신청의 대리행위를 업(業)으로 하지 못한다.

⑤ 대리권은 등기신청시까지만 있으면 된다.

076 다음 대위등기에 관련한 기술 중 틀린 것은?

① 1동의 건물에 속하는 구분건물 중 일부만에 관하여 소유권보존등기를 신청하는 경우에는 나머지 구분건물의 표시에 관한 등기를 동시에 신청하여야 하는데 이 경우에 구분건물의 소유자는 1동에 속하는 다른 구분건물의 소유자를 대위하여 그 건물의 표시에 관한 등기를 신청할 수 있다.

② 구분건물이 아닌 건물로 등기된 건물에 접속하여 구분건물을 신축한 경우에 그 신축건물의 소유권보존등기를 신청할 때에는 구분건물이 아닌 건물을 구분건물로 변경하는 건물의 표시변경등기를 동시에 신청하여야 하는데, 이 경우 구분건물의 소유자는 다른 구분건물의 소유자를 대위하여 소유권보존등기와 표시변경등기를 신청할 수 있다.

③ 건물이 멸실된 경우에는 그 건물 소유권의 등기명의인은 그 사실이 있는 때부터 1개월 이내에 그 등기를 신청하여야 한다. 이 경우 건물 소유권의 등기명의인이 1개월 이내에 멸실등기를 신청하지 아니하면 그 건물대지의 소유자가 건물 소유권의 등기명의인을 대위하여 그 등기를 신청할 수 있다.

④ 구분건물로서 그 건물이 속하는 1동 전부가 멸실된 경우에는 그 구분건물의 소유권의 등기명의인은 1동의 건물에 속하는 다른 구분건물의 소유권의 등기명의인을 대위하여 1동 전부에 대한 멸실등기를 신청할 수 있다.

⑤ 존재하지 아니하는 건물에 대한 등기가 있을 때에는 그 소유권의 등기명의인은 지체없이 멸실 등기를 신청하여야 한다. 이 경우 그 건물 소유권의 등기명의인이 1개월 이내에 멸실 등기를 신청하지 아니하는 경우에는 그 건물대지의 소유자가 건물 소유권의 등기명의인을 대위하여 그 등기를 신청 할 수 있다.

077 다음 중 채권자대위에 의한 등기절차에 대한 설명으로 가장 타당한 것은?

① 채권자가 채무자를 대위하여 등기를 신청하는 경우 채무자로부터 채권자 자신으로의 등기를 동시에 신청하여야 한다.

② 대위원인을 증명하는 서면은 반드시 공문서 또는 공정증서이어야 한다.

③ 가압류결정정본이나 등기사항증명서는 대위원인을 증명하는 서면이 될 수 없다.

④ 대위채권자에게 등기필정보를 통지한다.

⑤ 채권자가 채무자를 대위하여 등기신청을 하는 경우에는 소정의 취득세를 납부하고 국민주택채권도 매입하여야 한다.

078 등기신청에 관한 설명으로 옳은 것은?

① 외국인은 「출입국관리법」에 따라 외국인등록을 하더라도 전산정보처리조직에 의한 사용자등록을 할 수 없으므로 전자신청을 할 수 없다.

② 법인 아닌 사단이 등기권리자로서 등기신청을 하는 경우, 그 대표자의 성명 및 주소를 증명하는 정보를 첨부정보로 제공하여야 하지만 주민등록번호를 제공할 필요는 없다.

③ 환매권을 행사하는 경우 소유권이전등기와 환매특약등기 말소는 단독신청한다.

④ 신탁재산에 속하는 부동산의 신탁등기는 신탁자와 수탁자가 공동으로 신청하여야 한다.

⑤ 전자표준양식에 의한 등기신청의 경우, 자격자대리인(법무사 등)이 아닌 자도 타인을 대리하여 등기를 신청할 수 있다.

079 전산정보처리조직에 의한 등기신청에 관한 설명으로 옳은 것은?

① 전자신청의 경우, 인감증명을 제출해야 하는 자가 인증서정보(전자서명정보)를 송신할 때에는 인감증명서정보의 송신을 요하지 않는다.

② 전자신청의 경우에 사용자 등록을 하여야 하고 사용자등록을 할 때 인감증명서정보를 제공하여야 한다.

③ 전자신청을 위한 사용자등록의 관할 등기소는 없다.

④ 법인이 아닌 사단의 경우, 그 사단 명의로 대표자가 전자신청을 할 수 있다.

⑤ 사용자등록의 유효기간 3년이 경과한 경우에 연장할 수 있다.

080 전산정보처리조직에 의한 등기신청(이하 '전자신청'이라 한다)에 관한 설명으로 옳은 것은?

① 전자신청의 경우, 인감증명을 제출해야 하는 자가 공인인증서정보를 송신할 때에는 인감증명서정보도 같이 송신해야 한다.

② 등기신청의 당사자나 대리인이 전자신청을 하려면 미리 사용자등록을 해야 하며, 사용자등록의 유효기간은 3년이다.

③ 전자신청에 대하여 보정사항이 있는 경우, 등기관은 보정사유를 등록한 후 반드시 전자우편 방법에 의하여 그 사유를 신청인에게 통지해야 한다.

④ 법인이 아닌 사단의 경우, 그 사단 명의로 대표자가 전자신청을 할 수 있다.

⑤ 전자신청의 취하는 서면으로 해야 한다.

081 전산정보처리조직에 의한 등기신청(이하 '전자신청'이라 함)에 관련된 설명으로 틀린 것은?

① 사용자등록을 한 법무사에게 전자신청에 관한 대리권을 수여한 등기권리자도 사용자등록을 하여야 법무사가 대리하여 전자신청을 할 수 있다.

② 최초로 사용자등록을 신청하는 당사자 또는 자격자대리인은 등기소에 출석하여야 한다.

③ 전자신청을 위한 사용자등록은 전국 어느 등기소에서나 신청할 수 있다.

④ 법인 아닌 사단은 전자신청을 할 수 없다.

⑤ 사용자등록 신청서에는 인감증명을 첨부하여야 한다.

082 2021년에 사인(私人)간 토지소유권이전등기 신청시, 등기원인을 증명하는 서면에 검인을 받아야 하는 경우를 모두 고른 것은?

ㄱ. 임의경매	ㄴ. 진정명의 회복
ㄷ. 공유물분할합의	ㄹ. 판결서 또는 조서
ㅁ. 명의신탁해지약정	

① ㄱ, ㄴ   ② ㄱ, ㄷ

③ ㄴ, ㄹ   ④ ㄷ, ㅁ

⑤ ㄷ, ㄹ, ㅁ

083 등기원인증서의 검인에 관한 설명으로 옳은 것은?

① 등기원인증서가 집행력 있는 판결서인 경우에는 검인을 받을 필요가 없다.

② 무허가 건물에 대한 매매계약서나 미등기 아파트에 대한 분양계약서는 검인을 받아야 한다.

③ 신탁해지약정서를 원인서면으로 첨부하여 소유권이전등기를 신청하는 경우에는 검인을 받을 필요가 없다.

④ 매매계약 해제로 인한 소유권이전등기의 말소등기신청시 그 등기원인증서인 매매계약 해제증서에 검인을 받아야 한다.

⑤ 토지거래허가구역 내에서 동일 지번상의 토지 및 건물에 대한 일괄 소유권이전등기를 신청할 경우, 건물에 대해서는 별도로 검인을 받아야 한다.

084 농지법상의 농지에 대하여 소유권이전등기를 신청할 때 농지취득자격증명을 제공할 필요가 없는 경우는?

① 부인이 남편 소유의 농지를 상속받은 경우

② 농지전용허가를 받은 농지를 개인이 매수한 경우

③ 영농조합법인이 농지를 매수한 경우

④ 개인이 국가로부터 농지를 매수한 경우

⑤ 아들이 아버지로부터 농지를 증여받은 경우

085 등기의무자의 등기필정보에 대한 다음 설명 중 틀린 것은?

① 공유물분할을 원인으로 소유권을 취득한 자가 등기의무자가 되어 그 부동산에 대하여 다시 소유권 이전등기를 신청하는 경우에는 공유물분할등기에 관한 등기필정보뿐만 아니라 공유물분할등기 이전에 공유자로서 등기할 당시 등기관으로부터 통지받은 등기필정보도 함께 신청정보로 제공하여야 한다.

② 근저당권이 이전된 후 근저당권을 말소하는 경우에는 원래의 근저당권등기필정보를 제공하여야 한다.

③ 승소한 등기의무자가 집행력 있는 판결을 첨부하여 소유권이전등기를 신청하는 경우에는 등기의무자의 등기필정보를 신청정보로 제공하여야 한다.

④ 채무자변경으로 인한 근저당권변경등기신청시에는 등기의무자가 소유권취득당시 등기소로부터 교부받은 등기필정보만 제공하면 족하다.

⑤ 토지가 농지 정리 등으로 환지된 경우 환지된 토지에 대한 소유권이전등기를 신청할 때에는 환지 전 토지에 대한 등기필정보를 제공하여야 한다.

086 다음은 등기신청서에 첨부해야 할 주소를 증명하는 정보에 대한 설명이다. 틀린 것은?

① 소유권이전등기를 신청하는 경우에 등기권리자 및 등기의무자 각자의 주소를 증명하는 정보를 제공하여야 한다.

② 판결·경매로 인하여 등기권리자만으로 소유권이전등기를 신청하는 경우에는 등기권리자만의 주소를 증명하는 정보를 제공하면 된다.

③ 전세권설정등기의 말소등기를 신청하는 경우도 주소를 증명하는 정보를 제공하여야 한다.

④ 주민등록표등본·초본은 발행일로부터 3월 이내의 것이어야 한다.

⑤ 상속재산분할협의서를 첨부하여 상속으로 인한 소유권이전등기를 신청하는 경우에는 재산상속을 받지 않는 나머지 상속인들의 주소를 증명하는 서면은 제출할 필요가 없다.

087 부동산등기용등록번호에 관한 설명으로 옳은 것은?

① 법인의 등록번호는 주된 사무소 소재지를 관할하는 시장, 군수 또는 구청장이 부여한다.

② 주민등록번호가 없는 재외국민의 등록번호는 대법원 소재지 관할 등기소의 등기관이 부여한다.

③ 외국인의 등록번호는 체류지를 관할하는 시장, 군수 또는 구청장이 부여한다.

④ 법인 아닌 사단의 등록번호는 대표자주소지 관할 등기소의 등기관이 부여한다.

⑤ 국내에 영업소나 사무소의 설치 등기를 하지 아니한 외국법인의 등록번호는 국토교통부장관이 지정·고시한다.

088 매매를 등기원인으로 소유권이전등기를 할 경우 거래가액의 등기에 관한 설명 중 틀린 것은?

① 2006. 1. 1. 이전에 작성된 매매계약서를 등기원인증서로 한 경우에는 거래가액을 등기하지 않는다.

② 등기원인이 매매라 하더라도 등기원인증서가 판결 등 매매계약서가 아닌 때에는 거래가액을 등기하지 않는다.

③ 신고필증상의 부동산이 1개인 경우에는 매도인과 매수인이 각각 복수이더라도 매매목록을 제출할 필요가 없다.

④ 당초의 신청에 착오가 있는 경우 등기된 매매목록을 경정할 수 있다.

⑤ 등기원인증서와 신고필증에 기재된 사항이 서로 달라 동일한 거래라고 인정할 수 없는 등기신청은 각하된다.

089 다음 중 인감증명을 제출할 경우가 아닌 것은?

① 소유권의 등기명의인이 등기의무자로서 등기를 신청하는 경우 등기의무자의 인감증명

② 소유권에 관한 가등기명의인이 가등기의 말소등기를 신청하는 경우 가등기명의인의 인감증명

③ 등기신청서에 제3자의 동의 또는 승낙을 증명하는 서면이 공정증서로 첨부하는 경우 그 제3자의 인감증명

④ 등기필증을 분실한 소유권 외의 권리의 등기명의인이 신청서 중 등기의무자의 작성부분에 관한 공증을 받아 그 부본을 첨부하여 등기를 신청하는 때

⑤ 등기필증을 분실한 소유권 외의 권리의 등기명의인으로부터 위임받았음을 확인하는 서면을 신청서에 첨부하여 등기를 신청하는 때

090 등기신청의 취하에 관한 설명 중 틀린 것은?

① 등기신청대리인이 등기신청을 취하하는 경우에는 취하에 대한 특별수권이 있어야 한다.

② 등기관이 등기사항에 대하여 등기를 완료하기 전까지 등기신청의 취하가 가능하다.

③ 등기의 공동신청 후 등기권리자 또는 등기의무자는 각각 단독으로 등기신청을 취하할 수 없다.

④ 동일한 신청서로 수 개의 부동산에 관한 등기신청을 한 경우 일부 부동산에 대한 등기신청을 취하할 수 없다.

⑤ 전자신청을 취하하려면 전자신청과 동일한 방법으로 사용자인증을 받아야 한다.

091 등기신청의 각하 사유가 아닌 것은?

① 공동가등기권자 중 일부의 가등기권자가 자기의 지분만에 관하여 본등기를 신청한 경우

② 구분건물의 전유부분만에 대하여 하는 저당권설정등기

③ 저당권을 피담보채권과 분리하여 양도하거나, 피담보채권과 분리하여 다른 채권의 담보로 하는 등기를 신청한 경우

④ 공유지분에 대하여 지상권설정등기

⑤ 법령에 근거가 없는 특약사항의 등기를 신청한 경우

092 등기관의 처분에 대한 이의신청에 관한 내용으로 틀린 것은?

① 이의신청은 새로운 사실이나 새로운 증거방법을 근거로 할 수 있다.

② 상속인이 아닌 자는 상속등기가 위법하다 하여 이의신청을 할 수 없다.

③ 이의신청은 구술이 아닌 서면으로 하여야 하며, 그 기간에는 제한이 없다.

④ 이의에는 집행정지의 효력이 없다.

⑤ 등기신청의 각하결정에 대한 이의신청은 등기관의 각하결정이 부당하다는 사유로 족하다.

093 다음 중에서 미등기토지의 소유권보존등기신청을 할 수 없는 자는?

① 수용으로 인하여 소유권을 취득하였음을 증명하는 자

② 토지대장에 최초의 소유자로서 등록되어 있는 자

③ 확정판결에 의하여 자기의 소유권을 증명하는 자

④ 특별자치도지사, 시장, 군수 또는 구청장(자치구의 구청장을 말한다)의 확인에 의하여 자기의 소유권을 증명하는 자

⑤ 피상속인이 토지대장에 소유자로서 등록되어 있는 것을 증명하는 자

094 토지 또는 건물의 보존등기시 '소유권을 증명하는 판결'과 관련된 내용으로 옳은 것은?

① 소유권을 증명하는 판결은 보존등기신청인의 소유임을 확정하는 내용의 것이어야 하므로, 소유권확인판결에 한한다.

② 건물에 대하여 건축허가명의인을 상대로 한 소유권확인판결은 소유권을 증명하는 판결에 해당한다.

③ 토지대장상 공유인 미등기토지에 대한 공유물분할의 판결은 소유권을 증명하는 판결에 해당한다.

④ 건물에 대하여 국가를 상대로 한 소유권확인판결은 소유권을 증명하는 판결에 해당한다.

⑤ 당해 부동산이 보존등기 신청인의 소유임을 이유로 소유권보존등기의 말소를 명한 판결은 소유권을 증명하는 판결에 해당하지 않는다.

095 소유권에 관한 등기의 설명으로 옳은 것을 모두 고른 것은?

> ㄱ. 등기관이 소유권보존등기를 할 때에는 등기원인의 연월일을 기록한다.
> ㄴ. 등기관이 미등기 부동산에 대하여 법원의 촉탁에 따라 소유권의 처분제한의 등기를 할 때에는 직권으로 소유권보존등기를 한다.
> ㄷ. 등기관이 소유권의 일부에 관한 이전등기를 할 때에는 이전되는 지분을 기록하여야 하고, 그 등기원인에 분할금지약정이 있을 때에는 그 약정에 관한 사항도 기록하여야 한다.

① ㄱ
② ㄴ
③ ㄱ, ㄴ
④ ㄱ, ㄷ
⑤ ㄴ, ㄷ

096 진정명의회복등기에 대한 설명 중 틀린 것은?

① 이미 자기 앞으로 소유권을 표상하는 등기가 되어 있었거나 법률의 규정에 의하여 소유권을 취득한 자는 현재의 등기명의인을 상대로 진정명의회복을 등기 원인으로 한 소유권이전등기를 명하는 판결을 받아서 그에 따른 소유권이전등기를 신청할 수 있다.

② 법률의 규정에 의하여 소유권을 취득한 자는 현재의 등기명의인과 공동으로 '진정명의회복'을 등기원인으로 하여 소유권이전등기를 신청 할 수 있다.

③ 진정명의회복을 원인으로 한 소유권이전등기의 경우에도 토지거래허가서나 농지취득자격증명을 첨부하여야 한다.

④ 진정명의회복을 원인으로 한 소유권이전등기를 명하는 판결에 기하여 소유권말소등기를 신청할 수는 없다.

⑤ 진정명의회복등기의 법리는 사해행위취소소송에도 그대로 적용되므로 채권자는 사해행위의 취소로 인한 원상회복의 방법으로 수익자 명의의 등기의 말소를 구하는 대신 수익자를 상대로 채무자 앞으로의 소유권이전등기를 구할 수 있다.

097 유증으로 인한 소유권이전등기에 관한 설명으로 틀린 것은? (다툼이 있으면 판례에 의함)

① 유증에 기한이 붙은 경우에는 그 기한이 도래한 날을 등기원인일자로 기록한다.

② 포괄유증은 수증자 명의의 등기가 없어도 유증의 효력이 발생하는 시점에 물권변동의 효력이 발생한다.

③ 유증으로 인한 소유권이전등기청구권보전의 가등기는 유언자가 생존중인 경우에는 수리하여서는 안 된다.

④ 유증으로 인한 소유권이전등기 신청이 상속인의 유류분을 침해하는 내용이라 하더라도 등기관은 이를 수리하여야 한다.

⑤ 미등기부동산이 특정유증된 경우, 유언집행자는 상속인 명의의 소유권보존등기를 거쳐 유증으로 인한 소유권이전등기를 신청하여야 한다.

098 다음은 환매특약의 등기에 대한 기술이다. 틀린 것은?

① 환매특약의 등기를 신청하는 경우에는 신청서에 매수인이 지급한 대금, 매매비용 및 환매기간을 반드시 기록하여야 한다.

② 환매특약의 등기는 매수인의 권리취득의 등기에 이를 부기한다.

③ 환매특약의 등기는 환매에 의한 권리취득의 등기를 한 때에는 등기관이 직권으로 이를 말소한다.

④ 환매특약의 등기는 매도인이 등기권리자로 매수인이 등기의무자로서 신청하고, 당사자의 특약이 있는 경우에도 제3자를 환매권자로 하는 환매특약의 등기신청은 불가능하다.

⑤ 부동산에 대한 환매기간은 5년을 넘지 못한다.

099 신탁등기에 관한 설명으로 틀린 것은?

① 신탁재산의 처분으로 수탁자가 얻은 부동산이 신탁재산에 속하게 된 경우, 수탁자가 단독으로 신탁등기를 신청할 수 있다.

② 수익자 또는 위탁자는 수탁자를 대위하여 신탁등기를 신청할 수 있다.

③ 수탁자가 여러 명인 경우 등기관은 신탁재산이 합유인 뜻을 등기부에 기록하여야 한다.

④ 등기관이 신탁등기를 할 때에는 신탁원부를 작성하여야 하는데, 이때의 신탁원부는 등기기록의 일부로 본다.

⑤ 농지에 대하여 신탁법상 신탁을 등기원인으로 하여 소유권이전등기를 신청하는 경우, 신탁의 목적에 관계없이 농지취득자격증명을 첨부하여야 한다.

100 수용으로 인한 등기에 관한 설명으로 옳은 것을 모두 고른 것은?

> ㄱ. 수용으로 인한 소유권이전등기는 토지수용위원회의 재결서를 등기원인증서로 첨부하여 사업시행자가 단독으로 신청할 수 있다.
>
> ㄴ. 수용으로 인한 소유권이전등기신청서에 등기원인은 토지수용으로, 그 연월일은 수용의 재결일이 아닌 '수용개시일'로 기재해야 한다.
>
> ㄷ. 수용으로 인한 등기신청에는 농지취득자격증명을 첨부할 필요가 없다.
>
> ㄹ. 등기권리자의 단독신청에 따라 수용으로 인한 소유권이전등기를 하는 경우, 등기관은 그 부동산을 위해 존재하는 지역권의 등기를 직권으로 말소해서는 안 된다.
>
> ㅁ. 수용으로 인한 소유권이전등기가 된 후 토지수용위원회의 재결이 실효된 경우, 그 소유권이전등기의 말소등기는 원칙적으로 공동신청에 의한다.

① ㄱ, ㄴ, ㄷ   ② ㄱ, ㄷ, ㄹ

③ ㄱ, ㄴ, ㄷ, ㄹ, ㅁ   ④ ㄴ, ㄷ, ㅁ

⑤ ㄴ, ㄹ, ㅁ

정답

공간정보 구축 및 관리 등에 관한 법

1	2	3	4	5	6	7	8	9	10
③	③	③	②	⑤	④	②	①	②	③

11	12	13	14	15	16	17	18	19	20
②	①	④	②	⑤	⑤	③	④	③	①

21	22	23	24	25	26	27	28	29	30
④	⑤	③	④	②	②	⑤	③	③	①

31	32	33	34	35	36	37	38	39	40
③	④	③	③	④	④	②	①	④	④

41	42	43	44	45	46	47	48	49	50
⑤	③	④	③	③	④	①	④	①	③

부동산등기법

51	52	53	54	55	56	57	58	59	60
⑤	③	④	⑤	⑤	⑤	⑤	③	⑤	⑤

61	62	63	64	65	66	67	68	69	70
①	④	⑤	⑤	②	②	①	④	①	③

71	72	73	74	75	76	77	78	79	80
②	③	②	②	③	②	⑤	⑤	②	②

81	82	83	84	85	86	87	88	89	90
①	⑤	②	①	②	③	②	③	③	④

91	92	93	94	95	96	97	98	99	100
①	①	④	③	⑤	③	③	①	③	③

제35회 공인중개사 시험대비 **전면개정판**

2024 박문각 공인중개사
이승현 파이널 패스 100선 2차 부동산공시법령

초판인쇄 | 2024. 7. 25. **초판발행** | 2024. 7. 30. **편저** | 이승현 편저
발행인 | 박 용 **발행처** | (주)박문각출판 **등록** | 2015년 4월 29일 제2019-000137호
주소 | 06654 서울시 서초구 효령로 283 서경 B/D 4층 **팩스** | (02)584-2927
전화 | 교재 주문 (02)6466-7202, 동영상문의 (02)6466-7201

저자와의
협의하에
인지생략

정가 17,000원
ISBN 979-11-7262-157-5